Theresa Groß v. Trockau
Jede Depression hat ein Ende

FSC
www.fsc.org

MIX

Papier aus ver-
antwortungsvollen
Quellen
Paper from
responsible sources

FSC® C105338

Theresa Groß v. Trockau

Jede Depression hat ein Ende

Erfahrungen

Impressum

Coverdesign: Irene Repp
https://daylinart.webnode.com/
Lektorat & Korrektorat & Satz: Sigrid Wohlgemuth

Verantwortlich für den Inhalt des Textes
ist die Autorin Theresa Groß v. Trockau

Herstellung und Verlag: BoD – Books on Demand, Norderstedt

ISBN 9783741284533
Alle Rechte liegen bei der Autorin Theresa Groß v. Trockau.

Copyright © Mai 2023

Die Deutsche Nationalbibliothek verzeichnet diese Publikation in der Deutschen Nationalbibliografie; detaillierte bibliografische Daten sind im Internet über http://dnb.dnb.de abrufbar.

Das Werk ist einschließlich aller seiner Teile urheberrechtlich geschützt. Jede Verwertung und Vervielfältigung des Werkes ist ohne Zustimmung der Autorin unzulässig und strafbar. Alle Rechte, auch die des auszugsweisen Nachdrucks und der Übersetzung, sind vorbehalten. Ohne ausdrückliche schriftliche Erlaubnis der Autorin darf das Werk, auch nicht Teile daraus, weder reproduziert, übertragen noch kopiert werden, wie zum Beispiel manuell oder mithilfe elektronischer und mechanischer Systeme inklusive Fotokopieren, Bandaufzeichnung und Datenspeicherung. Zuwiderhandlung verpflichtet zu Schadenersatz. Alle im Buch enthaltenen Angaben, Ergebnisse usw. wurden von der Autorin nach bestem Wissen erstellt.
Nichts, was in den Inhalten des Anbieters enthalten ist, ist dazu bestimmt, Krankheiten zu diagnostizieren oder zu behandeln. Die Anbieterin ist keine Ärztin und gibt keine medizinischen oder gesundheitlichen Heilversprechen ab. Die Inhalte dürfen nicht als Grundlage zur eigenständigen Diagnose oder Beginn, Änderung oder Beendigung einer Behandlung von Krankheiten verwendet werden. Konsultieren Sie bei gesundheitlichen Fragen oder Beschwerden immer Ihren behandelnden Arzt oder Ihre Ärztin.

Jede Depression hat ein Ende

*Für meinen geliebten Mann und
unsere Kinder,
Clarissa, Irma, Philippa
und Moritz.*

*Danke, dass ihr immer an meiner
Seite seid.*

Inhalt

Vorwort	13
Erfahrungen	15
Meine Erfahrungen	17
Geduldig sein	23
Die Kunst Gedanken nur zu beobachten	27
Angst, oder die Angst vor der Angst	31
Das Wort Depression	33
Die Opfer-Rolle	36
Aufstehen!	40
Allein sein	42
Suizid	43
Das Spiegelbild	46
Der Weg in die Klinik	48
Mein Leben nach dem Klinikaufenthalt	51
Der zweite Klinikaufenthalt	53
Der dritte Klinikaufenthalt	58
Der vierte Klinikaufenthalt	63

Hier und Jetzt	66
Der Weg	67
Der Weg in die Klinik	69
Die Kunsttherapie	81
Die Beschäftigungstherapie	89
Die Tanztherapie	90
Die Theatertherapie	93
Die Gruppentherapie	96
Die Einzeltherapie	99
Das innere Kind	106
Das Sonnenkind	109
Schritt für Schritt zur Heilung	115
Du fragst dich, wie es mir heute geht?	119
Hilfen zur Heilung	121
Was hat mir geholfen	123
Die Angst	124
Schreiben	125
Tanzen	127
Sport	129
Kontakt	130
Struktur	131

Yoga	133
Märchen	134
Ruhe	136
Atmen	138
Beobachten der Gedanken	139
Spiritualität	141
Miteinander reden	145
Hilfe für Angehörige	147
Woran kann das Umfeld bemerken, wenn jemand eine Depression bekommt?	
Gibt es Anzeichen?	152
Co-Abhängigkeit	155
Alkohol, Drogen	156
Das Geld	158
Gedanken & Zitate	161
Kleine Traumreise I	172
Kleine Traumreise II	173
Die Natur als Spiegel	175
Spiegelung	176
Ostern	177

Herbst	180
Spätherbst	182
Winter	183
Kurz vor Weihnachten	185
Heiligabend – Weihnachten	186
Frühling	187
Der Frühling zum Schluss	188
Prof. Dr. med. Dr. h. c. Manfred Wolfersdorf	189
Depressives Kranksein	191
Danksagungen	197
Über die Autorin	201
Deine Notizen	203

Vorwort

»Jede Depression hat ein Ende«, der wohl wichtigste Satz, den ich in einer Klinik hörte. Anhand meiner selbstdurchlebten Geschichte möchte ich dir, liebe Leserin, lieber Leser, erzählen, wie ich mit diesen Krisen umgegangen bin.

Nach den überstandenen Phasen begriff ich: Mein Körper reagiert für mich richtig und nicht falsch. Er zeigte mir ein klares STOPP!

Theresa, halte inne, hol dir professionelle Hilfe, die dich in deiner Entwicklung begleitet. Geh liebevoll mit dir um. Schritt für Schritt, bis du dich immer mehr zu deiner Authentizität entwickelst und erlebst.

Ich bin meines Glückes eigener Schmied.

Das macht mich glücklich und das wünsche ich auch dir von ganzem Herzen.

Theresa Groß v. Trockau

Erfahrungen

Meine Erfahrungen

Mir geht es gut. Ich bin voller Ideen und Tatendrang. Mein Schlaf ist nicht durchgehend, jedoch stört es mich nicht.

Doch da gibt es die Angst: Könnte es eine Vorwarnung für einen depressiven Schub sein?

Es ist, als ob ich alles in einer Windeseile erledigen muss, da die dunkle Seite aufkommen könnte, in der ich mich innerlich leer fühle.

Ich halte inne und komme dadurch auf die Idee zu schreiben.

Da ich bereits einige depressive Schübe erlebt habe und immer herauskam, möchte ich über meine Erlebnisse und Erfahrungen berichten. Diese sollen Betroffenen helfen und ihnen Mut geben. Um sich an das Erlernte zu erinnern, hilft es, über die Erlebnisse nachzulesen.

Das Wichtigste, was ich gelernt habe:
Jede Depression hat ein Ende!

Oft war die Depression für mich eine Chance im Leben. Mir ist bewusst, dass das eine provokative Aussage ist. Es ist meine Erfahrung, und deshalb nehme ich mir die Freiheit dies zu behaupten, aus tiefster Anteilnahme und Selbsterfahrung.

Bisher habe ich mein Leben in guten Zeiten und schwarzen Zeiten erlebt. Die Krisenzeiten waren anstrengend und besonders schmerzhaft, jedoch entwickelte ich mich dabei stets weiter.

In den guten Zeiten empfinde ich das Leben als schön und reichhaltig. Mein Herz öffnet sich für alles, für jeden. Positive Kreativität darf leben und das tut alles extrem gut. Sich mit anderen auszutauschen, freier von Vorurteilen zu sein, ist bereichernd.

Ich bekomme dadurch einen anderen, einen reiferen Blick auf die Welt.

Während ich diese Zeilen schreibe, schaukle ich in der Hängematte hin und her. Herrlich die Seele baumeln zu lassen, dabei den blauen Himmel und das saftige Grün der Wiese zu sehen. Im Hintergrund höre ich Kinderstimmen und mir wird bewusst: Ich muss nichts tun! Ich bin! So wie Kinder, die im Jetzt sind, wenn sie vertieft mit dem Spielzeug spielen.

ICH BIN!

In der Stille verweilen. Alles ist in Ordnung. Frieden entsteht in mir. Ich fühle mich als ein Teil des Ganzen. Die schaukelnde Bewegung der Hängematte beruhigt mich. Mein Körpertonus lässt nach, die Entspannung stellt sich ein. Dankbarkeit entsteht. Mein Herz weitet sich und ich kann andere

Dinge und Menschen stehen lassen, akzeptieren wie sie sind.

Ich beobachte meine Gedanken, die sich den nächsten Herausforderungen stellen. Typisch! Kurz im Hier und Jetzt gewesen und sogleich schleichen sich kritische Gedanken ein:

Du kannst doch nicht einfach faul herum liegen, während andere Menschen arbeiten.

Ich habe gelernt, mir zu sagen, dass ich das nicht bin. Es sind nur meine Gedanken.

Das Gehirn ist wie ein Computer, der unaufhörlich rattert, teilweise wirre, dann positive Gedankengänge, im Wechsel.

Ratter-ratter-ratter ...

Genau in diesem Moment hilft mir, mich auf meine Atmung zu konzentrieren. Ich nehme wahr, wie sich die Bauchdecke beim Einatmen hebt und beim Ausatmen senkt.

Ich verfolge diesen Vorgang, bis ich in den Zustand des Vertrauens gelange. Frieden entsteht und ich fühle mich mit mir verbunden.

> Ich bin ein von Gott geliebtes Kind.
> Ich bin nach seinem Plan gemacht,
> und der ist gut.

Drei Zeilen, die mich beruhigen.

Das ist eine Erkenntnis, für die ich besonders dankbar bin.

In den guten Zeiten habe ich diese Weisheiten gefühlt, dank der dunklen Zeiten, die mich dorthin geführt haben.

In den dunklen Zeiten nehme ich mehr negative Gedanken wahr. Für einen Moment helfen die drei Sätze, aber nicht für lange.

Negative Gedanken finden dann immer mehr Platz in mir.

Ich bin dumm.
Ich bin langweilig.
Ich kann nichts geben.
Keiner möchte mit mir zusammen sein.
Ich kann nicht mehr lesen, denn die Konzentration schwindet.

Wenn ich von dunklen Gedanken manipuliert werde und es zulasse, ja sogar daran glaube, ist das ein extrem schmerzhafter Zustand. Es ist eine Art innere Geiselnahme, die nicht mehr aufhören will. In dieser Zeit bin ich besonders abhängig von lieben Menschen. Ich lege jedes Wort, das mir ein anderer sagt, genauestens auf die Waagschale. Gleichzeitig fühle ich mich innerlich hilflos, klein, dumm und mutterseelenallein.

Obwohl ich einen, mich liebenden Mann habe, vier bezaubernde Kinder, Geschwister und Freunde. Es ist alles ein großes Paradox, aber es ist in den dunklen Zeiten so.

Ich weiß, dass das kranke Gedanken sind, und ich kann mich nicht liebend spüren.

In dieser Zeit ist es hilfreich die Gewissheit von außen zu bekommen. Worte wie: Du bist nicht allein. Wir lieben dich. Doch vor allen Dingen: Dieser Zustand geht vorbei!

Das tut gut zu hören, obwohl ich es nur kurz halten, daran glauben kann.

Dieser Marathon an ständig negativen Glaubenssätzen ist äußerst anstrengend und raubt viel Kraft und Energie.

Deshalb ist es verletzend, wenn eine Person sagt:
»Jetzt stell dich mal nicht so an.«
»Sei nicht so faul, streng dich an. Du musst endlich etwas dagegen tun.«

Dass die betroffene Person in solch einem Zustand den nächsten Tag schafft, ist oft schon eine Leistung.

Rat:
Liebe Worte, ehrlich gemeinte Sätze helfen.

Beispiel:
Du kommst da wieder raus.

Ich persönlich merke, ob die Worte ehrlich gemeint sind oder nur so dahingesagt. Das ist dann verletzend. Drum bitte ich, meint es ehrlich mit eurem Gegenüber, der Hilfe braucht.

Im Buch wiederhole ich Erlebnisse, bringe sie in einen anderen Zusammenhang. Weise öfters auf etwas hin. Das ist bewusst so gewählt. Ich habe während meiner depressiven Phase erlebt, dass es immer besser ist, mehrfach etwas wiederholt zu bekommen. Dadurch konnte ich fortlaufend hinzulernen und es später auch umsetzen, bevor es in meinem Gedankengut auf dem Weg zur Heilung verloren ging.

Geduldig sein

Reiten ist eine wunderbare Sache. Mit dem Pferd in Verbindung zu sein. Des Tieres Wärme zu spüren, es zu streicheln und sich auf ihm tragen zu lassen. Dabei entsteht Vertrauen. Pferde sind wunderbare Heilungsbringer. Genauso wie Hunde. Das erlebe ich seit Langem mit meinem Hund Lotta. Diese treue Seele, die ständig an meiner Seite ist. Ich spüre dabei Vertrauen. Indem ich das Tier streichele, begegne ich mir selbst liebevoll. Ein wichtiger Schritt! Sich für einen Moment nicht zu verurteilen, sondern sanft mit sich selbst umzugehen.

Sehr gut ist es lange Spaziergänge zu machen. Die Natur beruhigt. Oft spaziere ich los und bitte dabei die Natur mir etwas zu zeigen. Ich gehe dabei aufmerksamer durch die Gegend. Mir sind schon oft Dinge begegnet, die mir etwas mitteilten.

Ein Erlebnis, an das ich mich gut erinnere:
Mein viertes Kind zog aus dem Elternhaus in eine eigene Wohnung. Danach fühlte ich mich allein und das Gefühl kam auf, als ob ein wichtiger Teil meines Lebens dadurch zu Ende war.

Ich hatte keine Ahnung wie ich diese einsame, leere Stelle füllen könnte. Ich ging in die Natur und bat um ein Zeichen. Am Wegrand entdeckte ich einen abgestorbenen kleinen Baum. Wie durch ein Wunder

wuchs an einer Stelle ein winzig kleiner grüner Spross. Dieser Anblick half mir ungemein.
Ich konnte das Erlebnis auf mein Leben übertragen: Aus etwas Abgestorbenen wächst etwas Neues.

Das gab mir Vertrauen.

Ich achte auf Tiere, die mir begegnen. Es gibt die sogenannten Krafttiere aus der schamanischen Medizin. Jedes Tier, dass dir begegnet, zeigt dir deine kraftvollen Eigenschaften. Es gibt viele Bücher, in denen du dein Krafttier nachlesen kannst.

Während einer depressiven Phase gilt es sich in Geduld zu üben. Eine schwierige Disziplin, wohl die schwierigste.

Jede Depression hört einmal auf. Das ist gewiss!

Das Fatale ist leider, dass wenn ich mich in einer Phase befinde oder von ihr begleitet werde, diese Worte nicht glaube. Deshalb hilft von außen wiederholt daran erinnert zu werden.

Mir kommt gerade beim Schreiben eine Erinnerung. Während eines Klinikaufenthaltes hatte ich ein unglaubliches Erlebnis.

Bei den morgendlichen Gesprächsrunden, das sind Treffen der Patienten, der Krankenschwestern, der Pfleger und der Ärzte, bei dem jeder Patient kurz sagt, wie es ihm geht, fiel mir ein Bild auf, das an der Wand hing. Eine Frau mit einem dunklen langen

Umhang war darauf zu sehen. Ein bisschen konnte ich ihr Gesicht erkennen, da sie den schwarzen Umhang, ein kleines Stück aus ihrem Gesichtsfeld lüftete.

Das war das passende Bild für Depression. Fantastisch dargestellt. Genau so fühlt es sich an. Es ist, als ob jemand einen dunklen schweren Mantel über dich wirft und alles um dich herum ist finster.

Diese Frau hat schon einmal ein kleines bisschen Licht gesehen, dem Betrachter die Chance gegeben sie ein wenig zu erkennen.

Das Bild kann von zwei Seiten betrachtet werden.

Erste Betrachtungsweise

Der schwarze Umhang wird über mich geworfen und ich habe keine Chance mich davon zu befreien. So hat es sich bei mir oft angefühlt. Ich wache morgens auf und die Dunkelheit ist da. Ich kann nichts dagegen unternehmen. Ich bin ihr ausgeliefert.

Zweite Betrachtungsweise

Ich wähle den dunklen Mantel selbst. Unbewusst. Warum auch immer. Um in Ruhe gelassen zu werden? Eine unbewusst selbst gewählte Auszeit? Zu viel Stress im äußeren Umfeld? Zu viel Stress in mir? Angedockt von außen? Oder umkehrt?

Die sich selbst zerstörende Kraft.

Da erscheint dann Herr Oberstudienrat Lempel in meinen Gedanken.

Es gibt in mir einen starken Kritiker. Das ist der mit dem Zeigefinger. Ich nenne ihn mal Oberstudienrat Lempel. Herr Lempel trägt eine Brille, liebt es, seinen rechten Zeigefinger möglichst oft zu erheben und zu mahnen: »Pass bloß auf!«

Dieser Herr Lempel ist ein nerviger Mensch, wenn ich ihn doch nicht immer so ernst nehmen würde!

Genauso wie bei einer Depression. Eigentlich ist Herr Lempel eine Witzfigur, so wie bei Max und Moritz. Er hätte so gerne Autorität, bekommt sie aber nur in meinen schlechten Zeiten. Nicht in guten Zeiten. In den dunklen Zeiten kann er echt Angst machen. Kinder, die aus der Reihe tanzen, werden mit Strenge und Schlägen klein gemacht.

Ach, lieber Herr Lempel, wollen wir nicht Freunde werden? Ich kann dich sehen und dir zuhören, du willst mir ja etwas beibringen, aber bitte nicht mit so viel Angst und Gewalt. Möchtest du der ungewollte Herr Lempel sein? Das ist doch sehr anstrengend auch für dich, oder? Lass uns freundlich mit Verständnis und Einfühlungskraft begegnen, dann bist du bei deinen Schülern anerkannt und findest für dich Ruhe. Das ist das Beispiel für einen kreativen Dialog, der zum Beispiel mit einer negativen Stimme oder dem Kritiker gesprochen werden könnte. Der Kritiker wird leiser.

Die Kunst Gedanken nur zu beobachten

Gedanken nur beobachten, ohne sie zu bewerten, ist eine große Hilfe. Negative Gedanken erkennen und sie loslassen. Dabei bewusst ein- und ausatmen. Es ist eine Übung, die öfters am Tag angewendet werden kann.

Sobald ich die negativen Gedanken ernst nehme, bin ich aus der Übung raus. Die Gedanken an mir vorbei ziehen zu lassen und dabei meinen Fokus auf die Bauchdecke zu lenken, die sich langsam hebt und senkt.

Ein wiegender Zustand, wie in einer Hängematte oder auf einer Schaukel, hilft mir dabei. Wir sind so viel mehr, als dass was wir von uns selbst denken. Durch die Achtsamkeit gelange ich in einen Sein-Zustand. Ich bezeichne ihn als, entspannt und ruhig. Liebe entsteht, Ängste weichen. Ich glaube, in dem Moment an etwas Göttliches in einem Selbst zu kommen. So ist unser aller wahrer Kern. Ein Zustand, in dem man sich mit allem verbunden fühlt.

Wir sind Gottes – Kinder. Wir stammen von ihm ab. Also ist in uns Gott. Wir sind göttlich. Das darf uns mal bewusst werden. Nachdem ich die vorherigen Worte geschrieben habe, kommen Fragen in mir auf. Bin ich mit der Aussage ein wenig überheblich? Ist das anmaßend?

Plötzlich schleichen sich alte Sätze aus der Kindheit heran. Gott steht über uns ...

Ich bin davon überzeugt, dass wir göttliche Wesen sind. Es ist unsere Essence! Viele Schichten gibt es aus der Erziehung im Elternhaus, Schule oder aus den Erfahrungen, wie wir glauben, uns zu definieren, aber eigentlich haben wir von Geburt an alles in uns.

In meiner schlimmsten dunklen, depressiven Zeit habe ich eine Gottesbegegnung gehabt. Ich sah im Kino einen Film. Eine weiße Gestalt kam von einer Seite in den Raum. Eine Person lag auf dem Boden. Wimmernd und sich krümmend. Die Gestalt nahm die Person behutsam auf und wog sie hin und her. Voller Liebe und in Ruhe. Nach einiger Zeit legte die Gestalt die Person zurück auf den Boden. Dann verließ sie den Raum durch die gegenüberliegende Tür.

Die Person krümmte sich und wimmerte weiter. Ein weiteres Mal kam die Lichtgestalt, nahm den Wimmernden und wog ihn voller Achtsamkeit hin und her. Legte ihn dann wieder hin und verschwand ruhig, voller Liebe und Respekt aus dem Raum.

Das war ein besonders heilendes Bild für mich.

Denn später, als ich im Bett lag, führte ich ein Streitgespräch mit Gott. Ich verurteilte ihn, klagte und verstand nicht, warum er Menschen wie mich und andere leiden lässt.

»Wenn es dich gibt Gott, dann tu doch etwas. Das mit dir haben sich die Menschen doch nur ausgedacht. Es gibt dich gar nicht«, sprach ich. Ich steigerte mich immer mehr in diese Anklage hinein.

»Lass doch endlich etwas geschehen. Ich kann keine Liebe mehr spüren, verdammt noch mal so tu doch endlich etwas!«

Erschöpft versuchte ich ruhig tief ein- und auszuatmen, damit ich innere Ruhe bekam. Plötzlich kam eine nie zuvor gekannte Stille auf. Dann hörte ich eine Stimme.

»Gib dich einfach hin. Lass dich fallen, ich halte dich.« Und auf einmal spürte ich, dass mich jemand hielt und wog. Dieses Erlebnis heilte mich. Es ging mir täglich besser, bis ich wieder gesund war.

Der Film hatte etwas in mir ausgelöst, sodass ich den Mut verspürte, mit Gott, ein Streitgespräch zu führen. Ich kann jedem raten es auszuprobieren.

Trau dich. Probiere es. Du hast nichts zu verlieren, doch du kannst gewinnen.

Zuvor schrieb ich: *Gott ist in uns.* Das Erlebte war meine Begegnung mit dem göttlichen Teil in mir. Für einen Moment lang konnte ich spüren, dass das mein wesentlicher Teil ist. Da gibt es keine Frage mehr nach Intelligenz oder dem Können.

All das sind meine Erlebnisse mit Gott. Eigentlich mit mir selbst. Der Dialog mit meinem Wesen, meinem göttlichen Wesen. Der Dialog mit mir selbst, wenn ich alles loslasse.

Wenn mein Verstand meine Gedanken loslassen kann.

Wir sind göttliche Wesen.

Ich begann zu schreiben. Der Wunsch schlummerte schon lange in mir, jedoch traute ich es mir nicht zu. In der Schulzeit hatte ich in Deutsch immer eine 4-. Jahrzehntelang war ich der festen Überzeugung nicht schreiben zu können. Dazu kam meine ältere Schwester, die das immer viel besser konnte.

Wieder ein negativer Gedanke, der sich einschlich, den ich losgelassen habe und diese Zeilen schreibe.

Fazit
Wichtig ist, täglich seine negativen Gedanken loszulassen, mit Übung und der Zeit geht dies von ganz allein.

Mein Wunsch ist, dass ich anderen depressiven Menschen mit meinen Erlebnissen weiterhelfen kann.

Angst, oder die Angst vor der Angst

Erlebt eine Person einmal oder mehrmals eine Depression, möchte sie diese auf gar keinen Fall nochmals bekommen. Ich merke, dass allein das Wort Depression mir schon Angst macht.

Angst ist der schlechteste Begleiter.

Mir fällt nochmals das zuvor erwähnte Bild mit dem schwarzen Umhang und der Frau ein. Es erinnert mich stark an eine verschleierte Frau, die in der Wüste Wasser holt. Wenn sie den Schleier fallen lässt, erscheint eine wunderschöne Frau.

In der Depression ist es, als ob diese Frau mit ihren vielen Facetten nicht gesehen werden darf. Hat sie Angst vor ihrer Größe? Hat sie Angst mit der Depression nicht richtig umgehen zu können? Und dadurch nicht mehr geliebt zu werden, wenn sie etwa Dinge macht, die von dem Umfeld nicht gewollt sind? Hat sie Angst ihre Bedürfnisse nicht leben zu dürfen? Hat sie Angst vom Umfeld allein gelassen zu werden?

Früher galt die Angst als Warnsignal, wenn die Jäger auf Nahrungssuche waren. Heutzutage bekommen die Menschen vor Kleinigkeiten Angst. Angst, wo keine Angst besteht. Und dann gibt es die Angst, vor der Angst. Die Angst darf uns nicht einnehmen, nicht die Kontrolle über uns haben.

Lass die Angst kommen, du hast sie eh schon heraufbeschwört, schau sie dir an und dann lass sie los. Eine Übung, die bei Angstaufkommen durchgeführt werden kann. Umso öfter wir dieses machen, umso weniger Macht hat die Angst über uns. Dazu kommt, dass wir die Liebe zu uns selbst finden und uns erlauben sie zu leben. Das hat nichts mit Egoismus zu tun, sondern mit dem Frieden in uns selbst. Und wer sich selbst liebt, kann andere lieben.

Wir können gar nicht genug üben, diese Liebe in uns zu bewahren.

Genauso wie es geschrieben steht: *Liebe deinen Nächsten wie dich selbst!*

Bereits in Kindheitstagen wurde uns die Selbstliebe abtrainiert. Mal ehrlich, wer traut sich denn wirklich auszusprechen: »Erst komm ich und dann kommst du.«

Alte Glaubenssätze, die den Menschen klein machen!

Das Wort Depression

Depression ist ein Wort das Angst mit sich bringt. Ganz besonders dann, wenn andere Personen von der Depression erfahren. Ich nehme als Beispiel eine weibliche Person, da ich dies aus meiner Erfahrung erzählen kann. Einem Mann könnten die gleichen Fragen gestellt werden.

Du bist depressiv?
Sie hat Depressionen ...
Stöhn, da warst du ja auch manisch, soll kein Vorwurf sein!
Stöhn, stöhn. Stöhn!
Die Augenbrauen werden hochgezogen, die Überheblichkeit entsteht.
Sie ist eben krank, da kann man nichts machen.
Mein Gott die Arme!
Das ist ja schrecklich.
Stöhn, stöhn und nochmals stöhn.
Geht es dir gut?
Wirklich?
Bist du dir ganz sicher?
Sie tut mir so leid und für den Partner muss das schrecklich sein.
Seufzer ...!
Alles Reaktionen von außenstehenden Personen und auch von einem selbst.

Wer ist der Leidende?

Ich denke beide Seiten. Denn beide Seiten verletzen sich unglaublich und entziehen sich enorm viel Energie, die wichtig ist, im Fall einer Depression und deren Auswirkungen auf einen selbst und sein Gegenüber.

Der Betroffene ist das Opfer. Doch das Umfeld jedoch genauso.

Ein Dilemma.

Jeder hat seine eigene Geschichte, der eine bringt sie offensichtlich zutage, der andere (das Umfeld) versteckt die seine.

Wer ist jetzt krank?

Depression ist ein Wort, das Angst bereitet.

Es ist die Bezeichnung einer Krankheit, die im ICD–10 (Internationale statistische Klassifikation der Krankheiten und verwandter Gesundheitsprobleme) festgehalten ist, anhand von Symptomen.

Ich habe das öfters erlebt.

Während meines Aufenthalts in einer Klinik, bei einer medikamentösen Therapie, bei psychologischen Gesprächen, bei tanztherapeutisch, musiktherapeutisch, kunsttherapeutisch, theatertherapeutisch und vielen anderen Kreativ-Therapien.

Yoga, meditieren, atmen, reiten, singen, meditatives gehen, die Traumdeutung, Märchen erzählen, singen, schamanische Reisen, Traum reisen, all dies durfte ich erfahren. Für mich hilfreich und horizonterweiternd. Es hat mir so sehr geholfen, dass ich selbst Körper-, Ausdruck- und Tanz-Therapeutin wurde. Für mich ist es der schönste und mich erfüllteste Beruf, den ich mir vorstellen kann und denn ich ausüben darf.

All meine Kreativität, die Selbsterfahrung und Verbindung zu anderen Menschen kann ich leben.

Ich kann nur jedem dazu raten, die heutige Fülle an helfenden Möglichkeiten zu nutzen. Es hilft.

Sei mutig!

Probiere aus, rede mit vertrauten Menschen. Es ist keine Schande, dass es dir nicht gut geht. Vielen Menschen geht es mal eine Zeit lang nicht gut. Du bist nicht die Einzige, der Einzige und vor allen Dingen, mache dich nicht selbst zum Opfer! Du und nur du selbst hast dein Schicksal in den Händen, und dein Schicksal meint es immer gut mit dir.

Die Opfer-Rolle

Während einer Depression leidet der Erkrankte. Die Person kommt sich benachteiligt vor. Andere können glücklich sein, ich aber nicht. Diese Gedanken gehen einem durch den Sinn. Doch durch dieses ständige Vergleichen mit anderen begibt man sich in eine Opfer-Rolle. Egal, was du anderen vorwirfst oder womit du andere beschuldigst, damit ist dir nicht geholfen. Wir suchen schnell die Schuld im äußeren Umfeld. Dabei liegt es an dir selbst zufrieden zu sein. Keiner kennt deine Bedürfnisse so gut wie du selbst. Ich kann nicht verlangen, dass andere genau nach meinen Bedürfnissen handeln.
Jeder Mensch ist verschiedenartig und hat diverse Dinge erlebt, sodass er meistens eine ganz andere Auffassung von Glück oder Zufriedenheit hat. Und genau mit folgender Erkenntnis beginnt die Therapie: Jeder ist seines Glückes eigener Schmied!

Nach der Erkenntnis begann ich mich mit mir selbst auseinanderzusetzen.

Ein Therapeut ist dazu da dir zuzuhören und im richtigen Moment Fragen zu stellen.

Kein professioneller Therapeut weiß was für dich richtig ist. Und schon gar nicht möchte er dir sein Lebenskonzept aufzwingen.

Früher musste ich auf verschiedene Art und Weise handeln, um die Liebe meiner Eltern oder Anerkennung von Lehrern zu erfahren. Heute bin ich eine erwachsene Person und handle aus Liebe zu mir selbst. Das sind Ergebnisse.

Nur im Kopf passiert keine Veränderung. Als Erstes musste ich spüren, was ich früher gemacht habe, damit ich mich geliebt und geachtet fühlte.

Beispiel
Immer gleicher Meinung sein, wie andere. Durch Leistung herauszustechen, um überhaupt wahrgenommen zu werden.

Es gibt so viele Dinge, die wir in der Kindheit bewerkstelligen, um uns geliebt zu fühlen. Durch die Therapie in ein solches Gefühl von damals zu kommen, Verhaltensweisen zu erfüllen, bedeuteten für mich Anstrengungen, und brachten Schmerz und Trauer mit sich. Dadurch wurde mir bewusst: Ich wollte vieles nicht, sondern machte es um nicht abgewiesen oder von einer Gruppe ausgeschlossen zu werden.

Sei froh, wenn du diesen Schmerz bei der Aufarbeitung spürst. Nimm ihn an. An dieser Stelle wird dir deine Therapeutin, dein Therapeut Wege aufzeigen, wie du dahin kommst, deinen wirklichen Wunsch zu erreichen, Probleme zu lösen und du dich dabei gut fühlst.

Am Therapieende erfuhr ich, dass, wenn ich auf meine innere Stimme höre, mich immer besser fühle.

Oft habe ich die Erfahrung gemacht, wenn ich wirklich klar und deutlich meinen Standpunkt vertrete, dabei auf gar keinen Widerstand stoße.

Du stehst immer vor der Wahl.

Frag dich selbst: Möchte ich mich für andere verdrehen und dafür in Kauf nehmen unglücklich zu sein? Oder entscheide ich mich für meinen Weg, der mich glücklich macht?

Seinen eigenen Weg zu gehen, bedeutet mutig zu sein. Du kannst dir immer wieder sagen: Ich bin kein schlechter Mensch, wenn ich nach meinen Bedürfnissen lebe.

Jeder Mensch geht Kompromisse ein. Wir sind Gemeinschaftswesen. Nur an manchen Punkten gehen die Meinungen auseinander, denn jeder empfindet anders.

Jeder Mensch möchte glücklich sein!

Wenn ich das verinnerliche, kann ich andere Meinungen akzeptieren, muss aber nicht so wie der andere handeln.

Auf jeden Fall solltest du dich jedes Mal loben, wenn du unter Menschen bist und du deinen Weg gehst!

Es ist ein Anfang und wenn du ihn geschafft hast, darfst du stolz auf dich sein.

Raus aus der Opfer-Rolle!

Aufstehen!

Besonders unangenehm ist der Morgen. Beim Aufwachen würde man am liebsten wieder die Augen schließen. Einfach so lange schlafen, bis die Depression vorbei ist. Das wäre das Schönste. Geht aber leider nicht. Je mehr ich mich im Bett herumwälzte, desto schlimmer wurden die negativen Gedanken und das ständige Grübeln, wie ich aus der Phase rauskomme.

Also, raus aus dem Bett!

Das ist wichtig.

Üben! Die negativen Gedanken zu beobachten, sie dann ziehen zu lassen.

Hilfreich ist, sich den gesamten Tag zu strukturieren. Regelmäßig drei Mal am Tag zu essen, spazieren zu gehen und Sport zu treiben.

Ob du deiner Arbeit nachgehen kannst, musst du selbst entscheiden. Wichtig ist, dass du in Bewegung bleibst. Nicht hastig oder übereifrig, sondern mach so viel, wie du es schaffst.

Und dann bitte vergiss nicht dich zu loben!

Denn diese Disziplin zu haben ist nicht immer einfach.

Und das aller Wichtigste:
ES GEHT VORBEI!

In guten Zeiten spüre ich das *All-ein-sein* ganz anders. Wir sind alle miteinander verbunden. Brüder und Schwestern im Herrn. Das war mein Lieblingssatz eines alten holländischen Geistlichen in meiner Kindheit.

Mit unseren Sinnesorganen dem Mund, der Nase, den Ohren, den Augen und mit den Händen sind wir mit der Umgebung verbunden. Mit Tieren, Menschen, dem Wind, dem Wasser, der Luft, der Sonne, einfach mit allem.

»Der Kranke« sollte bereit sein die Hilfe anzunehmen. In solch einem Fall therapeutisch, medizinisch (je nach Bedarf), liebevoll und sachlich.

Bei einer Therapie gilt es einen langen Weg zu gehen, der jedoch hilfreich, befreiend, horizonterweiternd, selbstbestimmt, erfüllend und rund ist.

Schön wäre es, wenn auch das Umfeld diese Situation für sich ernst nimmt und zur Therapie geht, denn meistens zeigt die depressive Person, dass in der Gemeinschaft etwas nicht stimmt.

Oft hatte ich große Angst verlassen zu werden und dadurch allein zu sein.

Allein sein

In der dunklen Zeit fühlte ich mich besonders allein. Ich zog mich mehr und mehr von den Menschen zurück. Oft handelte ich mit Rückzug, da ich mich für meinen Zustand schämte.

Niemand möchte als Langweiler oder Trauerkloß bezeichnet werden. Dieser Rückzug ist jedoch nicht gut. Ein wenig, aber nicht zu viel. Es ist wichtig andere zu erleben. In Kontakt zu bleiben, um auf neue Ideen zu stoßen. Oft erleben andere Personen einen gar nicht so wie man selbst glaubt zu sein.

Viele Menschen kennen sogar den Zustand des unglücklichen Seins.

Vielleicht kommt es zu einem Gespräch, dass dir hilft. Du erfährst, dass du nicht die einzige Person bist, der es mal nicht so gut geht.

Da ist dann nichts mehr von traurigem einsam sein!

Das sind Erkenntnisse hervorgehend aus den dunklen Zeiten.

Suizid

Leider gehört je nach dem Schwierigkeitsgrad einer Depression, das Symptom Suizid dazu.
Auch ich habe einen Suizid-Versuch hinter mir.

Ich möchte erklären, verständlich machen, wie sich ein Suizid-Gedanke bei einer depressiven Phase einschleichen kann, und immer fester wird mit der Überzeugung, dass es das Beste für mich und auch für alle anderen ist.

Ich kam aus der Selbst-Entwertung nicht mehr heraus. Das Leid war enorm, zum wiederholten Male in einer Depression zu sein. Das war zu viel!

Niemand, der das nicht einmal selbst erlebt hat, kann sich vorstellen, wie hoch der Leidensdruck ist.

Ich wollte und konnte nicht mehr. Dazu kamen die Gedanken und festen Überzeugungen: Ich bin eine schlechte Mutter für meine Kinder, ich kann nicht mehr lustig sein, sie sehen nur eine traurige Mami. Ich bin eine ständige Belastung für sie.

Es wäre bestimmt besser, wenn ich nicht mehr da bin, dann hat ihr Leid, mit mir, ein Ende und ihr Leben wird schöner, glücklicher und befreiter sein.

Ja, und auch für meinen Mann ist es sicher grauenhaft solch eine Belastung als Frau neben sich zu haben. Das ist kein Leben für ihn. Was kann ich ihm denn noch geben? Wobei ihn unterstützen? Liebe,

Zuneigung, Sexualität, dazu bin ich nicht mehr in der Lage. Also, da wäre er mit einer anderen Partnerin besser dran ...

Kurz bevor ich den Suizid ausüben wollte, hatte ich eine Eingebung, dass ich noch gebraucht werde. Eine eindringliche Stimme sprach zu mir.

»Du kannst dich nicht so einfach aus dem Leben verpissen. Du hast einen Mann, vier Kinder und die brauchen dich!«

Obwohl ich zuvor sicher war, allen würde es besser gehen ohne mich, war genau diese Eingebung, die ich erfahren durfte, für mich unglaublich wichtig.

Damit begann eine Sinnhaftigkeit für meine weitere Lebensstrecke.

Mein Lebensweg sollte noch nicht beendet sein. Denn ich wurde tatsächlich gebraucht!

Ich überlebte.

Der Sanitäter sprach ruhig auf mich ein, strich mir sanft über meine Hand. Aus heiterem Himmel fragte er mich, was ich beruflich machen würde. Voller Scham, über meinen Suizid-Versuch, erzählte ich ihm, dass ich Körper-, Ausdruck- und Tanz-Therapeutin sei.

Ich bekam zur Antwort: »Sie werden mal vielen Menschen helfen können.«

Was für ein Engel ..., war mir da begegnet ...
Für seine Worte empfinde ich heute noch Dankbarkeit.

Meine Erfahrung zum Suizid

Jeder Mensch hat eine vorbestimmte Lebensstrecke. Bei dem einen ist sie länger, beim anderen kürzer. Keiner kann daran rütteln. Wenn jemand beschließt ins Jenseits zu gehen, dann ist es so. Niemand wird das verhindern können.

Natürlich ist das für die Hinterbliebenen ein großer Schmerz, jedoch für den Betroffenen, so wie er in dem Moment denkt, eine Erlösung.

Mit meinen Worten möchte ich niemanden dazu ermuntern den Suizidweg zu wählen.

Ganz im Gegenteil!

Sich der Depression zu stellen, zeigt Stärke und die wird belohnt, durch Heilung. Auch wenn der Weg dorthin oft voller Steine liegt, die langsam, aber sicher weggeräumt werden.

Es lohnt sich in die Selbstverantwortung zu gehen.

Das Spiegelbild

Ich erinnere mich gut daran, als ich das erste Mal in einer Therapie von dem Spiegelbild erfahren durfte. Alles, was wir in unserem Leben erleben, ist unser eigener Spiegel.

Du kannst nur die Welt im Außen erleben, weil sie einen Teil in dir widerspiegelt.

Ich begegne einer Person und denke mir, das ist aber eine hübsche Frau oder ein Mann. Ich kann das Schöne nur deshalb erkennen, weil ich etwas Schönes in mir selbst fühle. Wie könnte ich es sonst erkennen und erfühlen, wenn es nicht in mir wäre?

Ich sehe also etwas im Außen und weiß, dass es auch in mir ist. Das Äußere spiegelt sich in mir.

Von damals an übe ich das Spiegelbild mit allen Dingen, die ich sehe. Ein lieber Mensch, der mir begegnet, oder eine schöne Blume, die Sonne, die mich glücklich macht und wärmt, all das ist in mir und auch in dir.

Genauso verhält es sich mit unschönen Dingen.
Die/der ist hässlich.

Es ist der Spiegel, der dir widerspiegelt, dass es auch einen hässlichen Teil in dir gibt. Einen Teil, den du in dir ablehnst. Das bedeutet, da gibt es in dir einen Teil, den du nicht magst.

So durfte ich erkennen, dass alles in mir selbst ist. Das Schöne und das Hässliche.

Dadurch, dass ich diese Erkenntnis weiterhin übte, kam ich zu dem Schluss. Alles ist in mir! Somit bin ich alles! Mit einem Mal wurde mir bewusst, was für eine Fülle in mir steckt. Ich darf mir erlauben, schön und hässlich zu sein, denn das bin *Ich*. Dann fing ich an, es im Außen zu finden, an oder bei anderen Personen. Dadurch öffnete sich mein Herz für die anderen Menschen. Eine unglaublich schöne Erfahrung, die ich dann begann in und bei allen Dingen zu üben. In der Natur, bei Menschen, bei Tieren und Verhaltensweisen von mir und anderen Mitmenschen.

Eine weitere unglaubliche Fülle machte sich in mir breit. Ich fing auf einmal an alles zu lieben, da alles ja auch ein Teil von mir ist.

Ich bin überzeugt, wenn das alle Menschen erfahren könnten, gäbe es keine Kriege mehr. Kein gegenseitiges Machtspiel, das uns unsere Energie raubt, verletzt, anstatt den Mut zu haben zu erkennen, dass wir alle gleich sind. Jeder von uns ist verletzlich und wir haben alle den Wunsch geliebt zu werden, lieben zu können und somit vereint zu sein.

Natürlich ist es utopisch zu glauben, dass bei jeder Situation das »Spiegelbild« erkannt wird. Dennoch kann man es immer wieder üben und es sich bewusst machen.

Der Weg in die Klinik

Ich war gerade sechsundzwanzig Jahre alt, als ich eine Depression bekam. Meine Motivation in die Klinik zu gehen, bestand darin, so schnell als möglich wieder gesund zu werden.

Meinen Vater hatte ich vorher erlebt, als er in der Psychiatrie war. Ich spürte Hoffnung, dass ich bald wieder gesund werden würde. Mein Leidensdruck war enorm. Ich weinte unaufhörlich, selbst im Schlaf, wurde mir berichtet.

Damals befand ich mich gerade im Studium und hatte bereits einen Psychologen aufgesucht. Nach drei Therapiestunden kam ich zu dem Entschluss, dass ich den Leidensdruck im Alltag nicht allein bewältigen konnte. In einer Klinik bestand für mich die Hoffnung, fernab vom Alltag, intensiver behandelt zu werden.

Diese Hoffnung hat sich dann zum Glück bestätigt. Es war zwar ein harter Anfang, jedoch der richtige Entschluss.

Durch einen Arztbrief erfuhr ich die genaue Diagnose: *Adolenszenskrise*

Fachlich ausgedrückt:
Der Lebensabschnitt zwischen der späten Kindheit und dem Erwachsenenalter wird als Adoleszenz beschrieben. Dieser Abschnitt umfasst nicht nur die physische Reifung, sondern vor allem die psychische und seelische Entwicklung vom Kind zu einem selbstständigen, verantwortungsbewussten Erwachsenen. Bei der Nicht-Bewältigung von Entsprechendem, bei der Selbstentwicklung und bei der Beziehungsregulation, kann es zu adoleszenten Krisen kommen. Diese stellen akute Störungen der Anpassung im Jugendalter dar.

Persönlich ausgedrückt:
Eine Krise beim Sprung zum Erwachsen werden.
Diese Krise machen bestimmt viele Jugendliche durch. Bei mir, mit meiner Veranlagung, wählte mein Körper sich eine Depression aus. Mein mir selbst auferlegter innerer Druck widersprach mit meinen Vorstellungen, was andere von mir denken könnten. Es aber nie gedacht haben. Mein Körper hielt diesen Stress nicht mehr aus und wählte, um mir zu helfen, den Weg der totalen Erschöpfung. Beim Klinikaufenthalt fühlte ich mich beschützt und ich erlaubte mir zur Ruhe zu kommen. Therapeuten halfen mir, mich von dem Druck zu befreien, den ich mir beim Studium gemacht hatte.

Gruppen-, Einzel-, Kunst- und Sporttherapien sowie das Beisammensein mit Betroffenen halfen mir auf meinem Heilungsweg. Während des Klinikaufenthaltes entschied ich mich für ein Antidepressivum. Damals brauchte ich nicht lange zu überlegen, ob ich es nehmen soll oder nicht. Dank der Einsicht ein Medikament zu nehmen, kam ich recht schnell aus der Depression wieder heraus.

Diese Klinikerfahrung möchte ich nicht missen. All die Menschen, sei es die Therapeuten, die Patienten, die Krankenschwestern und die Pfleger, waren eine Bereicherung für meine Heilung.

Nie hätte ich sonst Personen kennengelernt; wie Künstler, Manager und Leute aus den verschiedensten Gesellschaftsschichten. Tolle Menschen.

Ich bin dankbar diese Erfahrung gemacht zu haben.

Mit der Idee, beruflich, im medizinischen Bereich zu bleiben, überlegte ich Medizin mit Bewegung und Psychologie zu verbinden.

Tanzen war für mich immer eine Freude gewesen. Und so erfuhr ich von einer Ausbildung zur Tanz-Therapeutin.

Das war mein Ding. Mit einem klaren Ziel vor Augen konnte ich, acht Wochen später, die Klinik gesund verlassen.

Mein Leben nach dem Klinikaufenthalt

Im Alter von achtundzwanzig Jahren heiratete ich meinen jetzigen Mann und wir bekamen vier wunderbare Kinder.

Mein Leben war mit vielen Begegnungen, schönen und unschönen Erlebnissen durchflutet. Ein normales Leben wie jeder es kennt.

Die früher durchlebte Depression machte weiterhin Eindruck auf mich. Dank meines medizinischen Interesses wollte ich herausfinden, warum es damals zu dem Erschöpfungszustand gekommen war. Warum ich krank wurde. Ich nahm an Kursen teil, in denen die Teilnehmer die Ursachen herausfinden konnten. Besonders lange Prozesse, denen ich folgen durfte und es wollte.

Es lohnt immer sich auf diese Reise zu begeben.

Schritt für Schritt baute ich mir einen selbstdurchlebten Erfahrungsschatz auf. Verschiedenste Herangehensweisen lernte ich kennen. Wie baue ich Vertrauen zu meinem Klienten auf, versuchte ich erst an mir herauszufinden. Denn wie sollte ich, bei einer Körper-, Ausdruck-, und Tanz-Therapie, etwas überzeugt an andere Menschen weitergeben können. Drum wollte ich es erst selbst erfahren. Zu meiner Weiterbildung gehörte Körpererfahrung.

Du kannst nichts bei dir selbst verstehen, wenn du es nicht einmal gefühlt hast. Dieses Gefühl, dann in deinen Kopf zu bringen, es zu benennen, rundet das Bild ab.

Ich kann es auch anders ausdrücken: erst das Herz (Gefühl) und dann der Kopf (Verstand).

Am Anfang klang dieses Vorgehen fremd für mich. Doch ich habe es erlebt und es ist wahr. Denn das Gefühlte manifestiert sich im Körper und erst dann verstehst du, warum du so oder anderes gehandelt hast, beziehungsweise noch immer so handelst.

Neunzehn Jahre lang war ich ohne einen depressiven Schub.

Der zweite Klinikaufenthalt

Mit meiner großen Hoffnung, nie wieder an einer Depression zu erkranken, erwischte es mich das zweite Mal. Der Umzug von einem lieb gewonnenen Haus in ein größeres Anwesen, welches es zu bewohnen galt. Meinem Mann und mir war bewusst, dass eines Tages die Aufgabe auf uns zukam, seinen Familienbesitz weiterzuführen. Keine leichte Aufgabe.

Ich stamme aus einer großen Familie. Von sieben Kindern bin ich als Zweite geboren worden.

Wir wuchsen in einem großen Haus auf. Genauso wie mein Mann, der das vierte von sechs Kindern ist.

Obwohl sich alles ähnlich liest, war es für mich unwahrscheinlich schwierig, mich auf meines Mannes Familienhaus und dessen Umfeld einzulassen. Es liegt in einem kleinen Dorf, alle Freunde leben weit von mir entfernt. Um sie zu sehen war ich mit dem Auto einige Zeit unterwegs. Obwohl ich mit unseren vier Kindern beschäftigt war, wusste ich nicht, was ich für mich persönlich in diesem Ort machen konnte. Ich suchte nach etwas für mich persönlich. Was mich erfüllen könnte, doch es war nicht möglich.

Hinzu kam, dass der Arbeitsplatz meines Mannes zwei Stunden von unserem neuen Wohnort entfernt lag. Somit übernachtete er in der Nähe der Firma, da es sich nicht lohnte und nicht rechnete, die Strecke täglich zu fahren. Das bedeutete für mich, oft ohne Mann weit ab vom Schuss zu leben. Die Kinder vermissten ihren Vater.

Durch ständiges Grübeln fand ich keine Möglichkeit aus diesem Dilemma zu kommen.

Und für was entschied sich mein Körper?

Zu dem Weg in die Depression.

In das gefühlte Schach – Matt.

Durch Stress im Außen, auferlegter Druck in mir, kam es zur Depression. Ich war ausgebrannt. Dem wochenlangen Druck durch meine Disziplin den Alltag mit den Kindern, meinem Mann, dem großen Haushalt und vielen anderen Aufgaben zu bewältigen, konnte ich nicht standhalten. Da ich so schnell als möglich wieder gesund werden wollte entschied ich mich für eine psychosomatische Klinik.

Fachlich ausgedrückt:

Psychosomatische Kliniken bieten dem Patienten stationäre und tagesklinische therapeutische Unterstützung an, bei psychischen und psychosomatischen Störungen. Behandelt wird überwiegend nach tiefenpsychologisch fundierten oder verhaltenstherapeutischen Therapiekonzepten.

Persönlich ausgedrückt:

Psychosomatische Kliniken sind Krankenhäuser bei denen im Vordergrund, der Körper, die Gespräche stehen und je nach Bedarf ein Medikament. In der Klinik wurden unter anderem zahlreiche Kreativ-Therapien angeboten. Ich entschied mich für Kunst- und Tanztherapie.

Dankbar über dieses Angebot kann ich mich noch sehr genau an die zweite Stunde erinnern.

Auf die mir gestellte Frage: »Warum sind Sie hier?«, antwortete ich: »Ich bin verzweifelt, weil ich an dem Ort, an den ich hingezogen bin, keine für mich erfüllende Arbeit finde.«

Die Therapeutin nahm meine Antwort an, ohne weiter zu hinterfragen, und dann fing die Therapiestunde an. Sie fand in einer Gruppe von Gleichbetroffenen statt. Wir saßen auf Stühlen in einer Runde.

Die Therapeutin leitete uns an, paarweise zusammenzukommen. Es sollte ein Spiel sein. Einer übernahm die Führung, der andere ließ sich führen. Danach wurde getauscht. Jeder bekam einmal die Rolle zu führen und das andere Mal geführt zu werden.

Als das eine Mitpatientin hörte, brach sie weinend zusammen, beschimpfte die Therapeutin, was das denn für eine Klinik sei. Sie wäre in die Klinik gekommen, um geheilt und nicht in den Zustand ihrer Kindheit versetzt zu werden. Alles machen zu müssen, ohne gefragt zu werden.

Es lag viel Spannung im Raum und wir warteten erstaunt, wie denn diese Therapiestunde weitergehen würde.

Was geschah? Die Therapeutin schaute mich an und sagte: »Jetzt übernehmen Sie die Stunde.«

Ich war selbst total unter Spannung und dachte mir: Was soll mir denn jetzt noch passieren? Mir geht es so schlecht, es kann nur besser werden. Ich nahm die Aufgabe an.

Vorsichtig bewegte ich mich auf die Patientin zu. Setzte mich vor ihr auf den Boden. Sie blickte zu mir herunter und ein kleines Lächeln entstand zwischen uns. Meine geöffnete Hand vorsichtig ausstreckend wurde von ihr empfangen. Langsam merkte sie, dass ich ihr nichts Unangenehmes wollte. Ich war selbst Patientin so wie sie. Dann stand ich auf, bat sie es mir gleich zu tun. Ich führte sie hinter den Vorhang im Therapie Raum und ein witziges Versteckspiel begann. Wir lachten und mit einem Mal fiel sie mir um den Hals und sagte: »Danke, ich hätte nie gedacht, dass ich noch einmal jemandem folgen kann.« Ich drückte sie fest an mich, bedankte mich, dass sie mir zeigte, dass ich Talent für eine Tanztherapeutin habe.

Das war meine Heilung.

Nach acht Wochen verließ ich die Klinik, mit einem neuen Ziel vor Augen.

Ich war sehr beeindruckt von dieser Therapeutin. Persönlich hatte mich diese spontane Herangehensweise fasziniert.

Ich entschloss mich für die Ausbildung und führte ein weiteres vierjähriges Studium fort.

Am Ende war ich ausgebildeter Coach und Integrale Körper-, Ausdruck-, und Tanztherapeutin i. A.

Ein zweites Mal hatte ich, ausgelöst durch die Erkrankung, die Chance bekommen mich aus einer mir schier unlösbaren Situation herauszubewegen.

Der dritte Klinikaufenthalt

Ein halbes später Jahr ging es wieder los.

Ich war verzweifelt, machte mir große Vorwürfe, über die Erkrankung, und verstand nicht, warum ich wieder und jetzt auch noch nach einem kurzen Abstand krank wurde. Ständig hörte ich von endogener Depression, vererbter Veranlagung.

Auf keinen Fall wollte ich mir diesen Schuh anziehen. Das würde für mich den Untergang bedeuten, denn das heißt für mich, immer wieder diesen Leidensdruck zu erleben.

In der Hoffnung aller guten Dinge sind drei, ging ich wieder in eine psychosomatische Klinik. Dieses Mal für zehn Wochen. Eine lange Zeit, da ich dachte es ohne Medikament schaffen zu können. Es war die Hölle. Entlassen, ohne Besserung, ich brach zusammen.

Zu Hause erfuhr ich von einem Professor, der Spezialist für Depressionen ist. Ich war geschwächt, doch ich stellte mich bei ihm vor. Er schaffte es, mich zu überzeugen, dieses Mal zu ihm in die Psychiatrie zu kommen. Es fiel mir sehr schwer. Doch ich wollte und musste wieder fit für meine Familie werden.

Meinen Mann und meine Kinder leiden sehen zu müssen war das Schlimmste. Ich fühlte mich schuldig und hatte nur den einzigen Ausweg: So schnell wie möglich gesund zu werden!

Mein Professor überredete mich ein Antidepressivum einzunehmen.

Während des stationären Aufenthalts unterstützte mich der Professor darin, an den Wochenend-Modulen meiner Ausbildung teilzunehmen. Er machte mir Mut. Personen in meinem Umfeld schüttelten die Köpfe und verstanden nicht, warum ich mir, aus ihrer Sicht gesehen, den Lernstress antat. Doch für mich war es kein Stress. Der Professor erkannte, wie wichtig mir diese Ausbildung war, obwohl ich während der depressiven Phase nicht daran glaubte, jemals in diesem Beruf weiterarbeiten zu können. Ich führte meine Ausbildung fort. Die Ausbildungseinheiten fanden einmal im Monat statt. Von Donnerstag bis Sonntag fuhr ich zum Lernen und kam am Nachmittag zurück in die Klinik.

Ich war vier Wochen stationär, dann konnte ich nach Hause.

Nach einem Klinikaufenthalt ist besonders wichtig weiter an seiner Psyche zu arbeiten.

Während eines stationären Aufenthaltes kann man nur schonend behandelt werden. Ist man wieder auf den Beinen und entlassen, geht es einem gut und kommt langsam wieder in seinen Alltag zurück.

Nur zu verständlich ist es, wenn man sich sagt: So und jetzt leben ... Bummeln gehen, die Freunde treffen, ins Kino, ins Restaurant, eben all das, was, während der Depressionsphase, nicht gelebt werden konnte.

Eine weiterführende Therapie ist ratsam. Ich nahm mir vor, einmal in der Woche, zur Therapeutin zu gehen, die meine Dozentin war, um weiter an mir zu arbeiten. Es ging darum alte Verhaltensweisen zu überdenken, die ich mir aus meiner Kindheit angeeignet hatte. Jahrelang ging ich zur gleichen Therapeutin, die mich jedes Mal besser kennenlernte.

Entwicklung entstand und entsteht immer noch weiter. Langsam keimte in mir eine Veränderung. Momentane Verhaltensweisen erkannte ich als angelernte Muster.

Angelernte Muster sind Verhaltensweisen, die ich als Kind gelernt habe, um die Liebe und Aufmerksamkeit meiner Eltern zu bekommen.

In der heutigen Zeit verstand ich nie, warum mir mein Umfeld sagte: »Du musst gar nicht so laut reden, wir hören dich auch mit gedämpfter Stimme.«

Als zweites von sieben Kindern musste ich oft laut reden, um überhaupt von meinen Eltern gehört zu werden und um Aufmerksamkeit zu bekommen. Es funktioniert auch leiser. Heute hört mich jeder, ohne dass ich laut werden muss.

Das ist ein kleines Beispiel. Es gab viel mehr Muster, die ich nach und nach entdeckte.

Das Erkennen, warum ich in Situationen handle oder gehandelt habe, ist die eine Sache. Die andere, da ging es darum, das Gelernte auch umzusetzen.

Dafür brauchte es bei mir Mut, denn deine Umgebung kennt dich nur mit deinen alten Verhaltensweisen und ist ziemlich verwirrt, wenn du jetzt auf einmal mit deinen wahren Bedürfnissen ankommst. Bedürfnisse, die durch die Therapie endlich gelebt werden durften. Ich habe gelernt, auf mich Rücksicht zu nehmen. Denn, wenn ich über meine Grenzen gehen würde, wäre das Resultat zu erkranken.

Wie vorher bereits erwähnt, komme ich aus einer Großfamilie und mein Mann auch.

Ich wurde dahin gehend erzogen für die Familie bei besonderen Jahresfesten das Haus zu öffnen. Meine Eltern, mit ihren sieben Kindern, Onkel und Tante, lebten es uns vor. Ich fand das Zusammentreffen schön und gemütlich.

Dann war ich selbst Hausfrau und hatte nicht nur meine Kinder, sondern noch einige Tanten, deren Männer, die Onkel, dessen Kinder und die Schwiegermutter zusätzlich bei mir. Es war Sitte an einem speziellen Tag im Jahr fünf weitere Tage bei uns zu wohnen.

Für einige Familienmitglieder war das ein schönes Beisammensein, doch am Ende sehr anstrengend.

Ich benötigte einige Jahre, um zu verstehen, dass ich mit dieser Konstellation überfordert war. Es dauerte nicht lange, bis ich wieder erkrankte. Die Depression zeigte mir immer wieder: Du musst etwas ändern!

Also machte ich weiterhin eine Therapie, bis ich endlich die Kraft hatte »Nein« zu sagen. Das brachte meine angeheiratete Familie in Aufregung und wurde nicht verstanden. Ich hatte es jedoch dank meiner großartigen Therapeutin begriffen, konnte endlich dieses Muster ändern und für mich selbst eintreten.

Die Selbstverantwortung übernehmen. Damit ging es mir gut.

Therapie hat immer einen Sinn!

Der vierte Klinikaufenthalt

Zum vierten Mal erwischte es mich wieder sehr heftig. Ein weiteres Mal befand ich mich am Ende meiner Kräfte.

Die Depression, mittlerweile jedes halbe Jahr zu erleben, hatte keinen Sinn mehr für mich. Für was die ganze Arbeit an mir selbst, die Therapien, wenn es nichts bringt, dachte ich.

Mein Gehirn lief auf Hochtouren, jedes Register, das ich bisher gezogen hatte, brachte mir nichts! Das waren meine Gedanken!

Eine gute Mutter konnte ich nicht mehr sein und Ehefrau sowieso nicht. Meinen Mitmenschen würde es bestimmt besser gehen, wenn es mich nicht mehr geben würde ...

Der einzige Ausweg, der noch da war und der für mich und alle anderen um mich herum einen Sinn ergab, war der selbst gewählte Tod. Nun war ich in den tiefsten aller tiefsten Zeiten meines Lebens angekommen. Es fühlte sich furchtbar an. Schwärzer als alles Schwarz, was du dir vorstellen kannst.

Das einzige Licht, das es in meinen Vorstellungen gab, war das Jenseits, falls es das hoffentlich überhaupt gibt. Es entstand ein heftiger Sog in mir, die einzige winzige Hoffnung jemals irgendwo anders Ruhe zu finden. Ich war getrieben von dieser Hoffnung. (Siehe zuvor Kapitel Suizid.)

Mit dem Rettungswagen ging es in die psychiatrische Notaufnahme zu meinem vorherigen Professor. Er unternahm alles für mich, sodass ich mich in sicheren Händen befand. Aufgewühlt und unendlich müde bekam ich Beruhigungsmittel. Doch an schlafen war gar nicht zu denken.

Dank der guten Betreuung kam ich Schritt für Schritt auf die Beine. Ein weiteres Mal begegnete ich außergewöhnlichen Mitpatienten, den Krankenschwestern, den Pflegern, den Beschäftigungs-, den Kunst-, und den Gesprächstherapeutinnen und Therapeuten.

Ich erinnere mich gut an eine besondere Krankenschwester, die mich nach meinem Beruf fragte. Auf die Antwort Tanz-Therapeutin, fragte sie mich, ob ich nicht ihr und den Mitpatienten zeigen wollte, was ich in meinem Beruf mache.

Mein Gott! Jetzt? Hier? Ein zweites Mal dachte ich mir: Was soll mir denn noch passieren? Schlimmer kann es nicht werden. Also trafen wir uns alle in einem Therapie-Raum. Meine Idee war ein Kreistanz. Bei einem Kreistanz versammeln sich die Tänzer und bilden einen Kreis. In die Mitte wird eine Kerze gestellt. Dieses Licht symbolisiert das Göttliche oder das Heil in uns allen. Egal wie krank man ist, in jedem gibt es dieses göttliche Heil. Wenn wir uns einen Baumstamm von innen ansehen, gibt es die Jahresringe, die sich um den Mittelpunkt abzeichnen.

Genauso kannst du dir vorstellen sieht es in deinem Innersten aus. Diese Kreise können Trauer, unglücklich sein, Krankheit und Verlust darstellen, jedoch in deinem innersten Wesenskern gibt es immer die Freude, die Kreativität, das Heil, das Geheilt sein und das Göttliche. Dadurch, dass wir uns im Kreis, an den Händen fassen und um unsere Mitte tanzen, entsteht Verbindung zu deinem rechten Partner, zu deiner linken Partnerin und zu deinem göttlichen Heil. Wir tanzen praktisch um mein Heil, dein Heil und um unser aller Heil. Die Tanzschritte sind einfach. Die Musik geht ans Herz. Somit kommst du in eine schöne Entspannung.

Es war ein Erfolg!

Eine Mitpatientin berichtete dem Professor, dass sie sich das erste Mal entspannen konnte.

Nach vier Wochen konnte ich vom stationären in den ambulanten Aufenthalt wechseln und war nach insgesamt sechs Wochen wieder gesund.

Langsam nahm ich den Alltag wieder auf und ging arbeiten.

Die Therapien zeigten Erfolg. Die Abstände zwischen den Zeiten, dass es mir gut geht und den depressiven Zeiten wurden ständig länger.

Hier und Jetzt

Heute sitze ich an meinem Schreibtisch, schreibe mein Buch und denke mir: Sollte der schwarze Hund wiederkommen, werde ich es hoffentlich ein weiteres Mal schaffen. Ich werde ihn zähmen, streicheln und ihn fragen: Was möchtest du mir wieder zeigen? Oder genügt es dir mir nur treu zur Seite zu stehen und in Rente zu gehen?

In Gedanken streichle ich über seinen Kopf, schau ihm in die Augen und vertraue ...

Der Weg

Der Weg in die Klinik

Morgens beim Aufwachen geweint. Ich hatte keine Idee mehr, wie es mir besser gehen könnte und das bereits seit Wochen. Bestand die Hoffnung ein besseres Wohlbefinden zu bekommen und es daher mit einem Klinikaufenthalt zu versuchen? Der Leidensdruck war hoch. Sechzehn Wochen waren vergangen und es stellte sich einfach keine Besserung ein. Jeder Tag wurde sogar noch schwerer als der vorherige. Die einfachsten Dinge, wie in einen Supermarkt zu gehen, um Lebensmittel einzukaufen, war enorm anstrengend. Ich wusste gar nicht, was ich kaufen sollte. Schaffte ich es, ging es ans Zubereiten, doch der Geschmack war mir verloren gegangen. Außerdem hatte ich auch keinen Hunger. Aber für meinen Mann und die Kinder wollte ich eine Mahlzeit zubereiten. Aus meiner Sicht musste ich einfach funktionieren.

Ging ich ins Kino, in der Hoffnung mich von meinem vernichtenden Gedankenkarussel befreien zu können, konnte ich der Handlung nicht folgen.

Wieder ein Beweis dafür, dass ich nicht mal mehr in der Lage war einen Film zu verstehen. Sogar ein Buch zu lesen, war unmöglich. Bereits beim ersten Satz stieg ich aus. All das Beweise dafür, dass nichts mehr in meinem Leben ging.

Obwohl ich meinen Tagesablauf strukturierte, meine Aufgaben erfüllte, gab es seit Wochen keine Freude mehr. Mich mit Freunden zu treffen war enorm beschwerlich. Ich lebte mit der Angst: Ich kann nichts geben, ich weiß nicht, was ich erzählen soll, und ich will nicht vor den anderen jammern.

Einfach nur schlafen, dadurch zu Kräften kommen, morgens aufwachen und wieder Freude zu verspüren, war der größte Wunsch. Ich war darauf fokussiert, wie ich den Tag überleben konnte. Dazu kam meine für mich wichtigste Aufgabe; wie konnte ich in diesem Zustand eine gute Mutter sein? Ich wollte nicht, dass meine Kinder und mein Mann unter mir leiden mussten, vielleicht sogar einen seelischen Schaden für ihr Leben dadurch bekamen. Das war das schlimmste Szenario, was ich mir ausmalte. Unglaubliche seelische Schmerzen.

Die Hoffnung bestand, es mit einem Klinikaufenthalt zu versuchen. Ich hörte mich nach einer guten Psychiatrie um und machte einen Termin mit dem Psychiater. Dieser stellte schnell fest, dass ich an einer Depression erkrankt war.

Auf meine Bitte hin stationär aufgenommen zu werden, bekam ich sofort einen Platz. Ich hatte Glück, denn manchmal dauert es länger, bis ein Bett frei wird, jedoch hat der Erkrankte dann wenigsten einen Anker, dass es bald mit einer intensiven Therapie losgeht.

Meine letzte Chance, dachte ich, bei der mir hoffentlich wirklich geholfen werden konnte.

Und so war es auch, jedes Mal.

Leider gehörte es dazu, dass ich, obwohl ich die Hoffnung auf Genesung hatte, trotzdem extrem darunter litt in solch ein Krankenhaus gehen zu müssen. Eine Psychiatrie!, dachte ich, wie schrecklich ist das denn? Alte oder völlig überholte vorgelebte Meinungen und Bilder entstanden in meinen Gedanken. Jetzt bin ich verrückt, hoffentlich erfährt das niemand, es ist so peinlich, ging mir durch den Kopf.

Diese Scham, die zu der Erkrankung hinzukam, war unerträglich. Im Vergleichen mit anderen Personen war ich ein wahrer Meister. So vielen Menschen ging es gut, nur mir nicht. Warum? Auf die Idee, dass es auch Menschen gab, denen es noch viel schlechter ging, half nicht, denn der eigene seelische Schmerz wurde dadurch nicht geringer.

Bereits im ersten Teil des Buches erwähnte ich, dass ich fünf Mal in einer Klinik gewesen bin. Der Ablauf lief jedes Mal gleich ab. Wenn es mit der Therapie losging, wurde der Zustand, in dem ich mich zu dem Zeitpunkt befand noch unangenehmer.

Leider ist es auch heute noch immer so in unserer Gesellschaft, dass diese Art von Krankenhäusern ungern erwähnt werden.

Ein für mich wichtiger Grund und mein Bedürfnis, warum ich dieses Buch schreibe. Ich möchte der Leserin, dem Leser, dir, die Angst vor solch einem Krankenhaus nehmen. Deine Seele ist erkrankt und dieses Krankenhaus ist ein ORT, in dem professionelle Menschen dir helfen.

In meiner Vorstellung fühlte ich mich dort in sicheren Händen. Wenn es einen Platz gab, an dem mir wirklich jeden Tag geholfen werden konnte, dann war es in einer Klinik. Meine letzte Hoffnung. Die Heilung würde bestimmt schneller voranschreiten, als wenn ich weiter zu Hause meinen Alltag irgendwie hinbekommen würde. Weiterhin einmal in der Woche zur Therapeutin ginge, und der Leidensdruck nicht geringer dadurch würde. Denn das alles hatte ich bereits ausprobiert. Ich wählte den Weg in die Psychiatrie.

Die Tatsache, dass ich mich dann bald wirklich in einer Psychiatrie befand, erschien befremdend.

Meine Station lag im 1. Stock.

Kurz sah ich am Gebäude hinauf und griff fest um den Henkel meiner Tasche, in der ich Sachen für meinen Aufenthalt mitgenommen hatte. Ich ging auf den Eingang zu. Davor saßen auf Bänken Patienten oder standen vor einer Mülltonne, mit Aschenbecher obenauf. Ich blieb kurz stehen, machte einen Schritt zurück, schaute in die Runde. Den Leuten ging es sicher auch schlecht, dachte ich, denn deren Gesichtszüge waren angespannt, der Blick verhangen. So kam es mir vor. Viele rauchten Kette, sprachen laut und beobachteten mich als Neuling genauestens. Es war mir unangenehm, weil ich Angst vor ihnen hatte.

Bin ich genauso drauf, wie diese Menschen?, überlegte ich. Sie taten mir unglaublich leid. In dem Moment spürte ich, dass es Personen gab, denen es noch schlechter ging als mir. Dennoch hatte ich mich entschieden den Weg in die Psychiatrie zu gehen. Diese Umgebung war ganz anders, als wie man sie von Krankenhäusern kennt.

Die traurigen Gesichter der Mitpatienten waren schwer zu ertragen. Dazu kamen immer wieder Schreie von Patienten, die den inneren Leidensdruck nicht mehr aushielten.

Oder auch die Vorgeschichten der Einzelnen, die ich in den Gesprächstherapien erfuhr, waren oft erschütternd und belastend. Dennoch konnte jeder sich in den anderen einfühlen, denn jeder der hierherkam, erhoffte sich Besserung. Mehr und mehr wuchs man zusammen und es entstand ein Mitgefühl zueinander.

Leider ist es noch viel zu wenig in unseren Köpfen angekommen, dass auch in diesen Krankenhäusern die Menschen geheilt werden. Dass es etwas in uns gibt, was keiner sehen kann. Gerade deshalb ist es für Außenstehende schwer zu verstehen, dass die Seele auch erkranken kann. Genauso wie ein Blinddarm, der herausoperiert wird, du dafür ins Krankenhaus gehst und so lange dortbleibst, bis du wieder gesund bist. Horrorfilmproduzenten ist diese depressive Erkrankung von Nutzen, denn derartige Filme werden gerne gesehen, lassen sich gut vermarkten. Wir kennen alle Gruselgeschichten aus der Kindheit. Bestimmt rührt die Angst, die psychische Erkrankungen mit sich bringen auch daher, weil man es sich entweder nicht vorstellen kann, daran erkrankt zu sein, oder einfach nicht weiß, wie man sich oder anderen helfen kann.

Ich riss mich von den Menschen am Eingang los. Setzte Schritt für Schritt nach vorne, öffnete die Tür. Ich blieb ein weiteres Mal stehen, sah mich um. Einige Menschen standen oder gingen durch den Flur. Ich blickte zur Eingangstür. Noch konnte ich zurück.

Wollte ich das?

Mein Blick streifte die rauchenden Patienten vor der Tür.

Nein!

Ich wollte diesen mich heilenden Weg gehen, drehte mich um und ging entschlossen zum Aufzug.

Fuhr in den ersten Stock und fand den Weg zur Aufnahme. Eine nette Krankenschwester empfing mich und zeigte mir mein Zimmer. Es handelte sich um ein Dreibettzimmer.

Oh nein, dachte ich im ersten Moment, jetzt, wo ich so viel Ruhe brauche, muss ich auch noch mit zwei anderen Frauen in dem Raum schlafen. Hoffentlich schaffe ich das, wünschte ich mir. Viele Dinge gingen mir durch den Sinn und da alles fremd und beängstigend war, stellte sich ein weiteres Mal die Frage, ob ich mich für den richtigen Weg entschieden habe. Zuvor am Aufzug entschlossener, brach ich nun wieder ein.

Meine Zimmernachbarinnen begrüßten mich einsilbig und ich merkte schnell, dass jede für sich allein sein wollte. Sicher waren sie verstimmt, dass eine neue Patientin dazukam. Fragten sich, ob ich wohl nett wäre und wie schwer meine Erkrankung war und ich sie in ihrem eigenen gewünschten Ruhemodus stören würde. So dachte ich, und ich ging davon aus, dass die beiden auch so denken würden.

Ich setzte mich an den kleinen Tisch und las die Zettel durch, die mir die Schwester in die Hand gedrückt hatte. Auf einem konnte ich mir das Frühstück, Mittag- und Abendessen aussuchen.

Nachdem ich viele Formulare unterschrieben hatte und meine Tasche ausgepackt war, ging ich zum

Stationszimmer. Dort bekam ich ein Blatt, auf dem mein Wochenplan stand.

Sport, Gespräch mit dem Therapeuten, Kunsttherapie, Tanztherapie, Gruppentreffen, Beschäftigungstherapie, Entspannung, Mittagessen, Abendessen und Visite waren mit den dazugehörigen Zeiten eingetragen. Beim Lesen kam mein positives Gefühl zurück.

Ich kann mich noch gut erinnern, dass ich voller Hoffnung und Elan war, dass es ab sofort mit der Heilung richtig losging, und ich dann schnell aus dem Krankenhaus raus kam.

Dem war jedoch nicht so.

»Kommen Sie erst einmal an«, hieß es immer wieder. Dieser Satz nervte mich, denn es sollte meiner Meinung nach zügig vorangehen.

Ich habe genug gelitten. Möchte gesund werden und das auf dem schnellsten Weg, dachte ich. So einfach und schnell ging es nicht. Es dauerte seine Zeit, bis die Seele heilen konnte. Mit selbstauferlegtem Druck kann die Seele nicht umgehen. Sie ist ein unsichtbares und komplexes Organ. Die Seele ist sensibel und wünscht sich nichts mehr als Ruhe, behutsames Vorangehen, viel Liebe und Mitgefühl.

Es braucht Zeit.

Der Weg ist das Ziel. Dies hatte ich zu lernen.

Akzeptierte, dass ich nur mit Geduld weiterkam. Ich befand mich in einer Entwicklung und wie konnte die husch, husch, husch vonstattengehen? Unmöglich! Ich ging zurück in mein Zimmer, legte den Wochenplan in die Schublade des Schränkchens am Bett. Setzte mich auf die Bettkante und atmete tief durch, um Anspannung rauszunehmen. Die beiden Frauen waren eingeschlafen. Ich versuchte ruhig zu bleiben, in Kürze würde es Abendessen geben und dann kam schon bald die Nachtruhe. Ich war müde und schlief erstaunlich schnell ein.

Die erste Nacht überstanden. Mein Gutenmorgengruß wurde murmelnd erwidert. Ich nahm es hin und ging um sieben Uhr dreißig zum Frühstück. Ich setzte mich auf einen freien Platz, an einem sechs Personentisch. Stellte mich den am Tisch sitzenden Patienten vor, versuchte ein Lächeln. Die meisten schauten nicht mal auf, waren mit dem Essen auf ihrem Teller beschäftig. Eine Schwester brachte ein Tablett mit dem von mir bestellten Frühstück. Ich dankte ihr, da hatte sie sich bereits umgedreht und brachte einem anderen Patienten sein Essen. Ich aß mein Müsli und trank eine Tasse Kaffee. Währenddessen hörte ich den Gesprächen der anderen zu.

Einer nach dem anderen verabschiedete sich. Ich stand auf und ging zur Morgenrunde.

Das ist ein Zusammenkommen aller Patienten, Krankenschwestern, Pfleger und einem Psychologen. Wir saßen auf Stühlen in einer Runde und wurden von der Oberschwester begrüßt. Danach begann ein Patient kurz zu berichten, wie gerade seine Befindlichkeit war. Es ging reihum.

Manche Patienten weinten, weil es ihnen sehr schlecht ging. Andere berichteten, dass es ihnen am Morgen etwas leichter gefallen war aus dem Bett aufzustehen. Andere, dass sie sich ein klein wenig besser fühlen würden. Und es gab Patienten, die erzählten, dass sie wieder gut bei Kräften wären und sich vorstellen könnten nach Hause zu gehen. Letztere gaben mir große Hoffnung. Ich bemerkte, dass einige Personen in der gleichen Situation wie ich waren. Manche sich sogar schon auf dem besten Weg der Heilung befanden.

Es war zwar schwer, zu Beginn all die traurigen Mitpatienten zu erleben, jedoch auf der anderen Seite war ich mit meiner Erkrankung nicht allein. Dass sich dafür zu schämen verschwand. Das war erleichternd. Nach dieser Morgenrunde begann der Tagesablauf.

In den ersten Tagen wurde ein großes Blutbild erstellt. Ein EKG wurde gemacht, sowie die Gehirnströme gemessen, um den ganzen Körper zu untersuchen, um dadurch Antworten auf die Erkrankung zu finden. Ich kann mich noch gut erinnern, als meine Gehirnaktivität beim EEG gemessen wurde und ich dachte: Hoffentlich ist da ein Tumor. Den bräuchten die Ärzte nur herauszuoperieren und dann wäre alles wieder gut.

Heute bin ich dankbar, dass dem nicht so war.

Ich kam nicht drum herum Schritt für Schritt langsam meinem Weg der Heilung zu folgen. Dieser Weg war immer da, jedoch für mich nicht spürbar. Ich nahm an allen Therapieansätzen teil.

Das erste Wochenende musste ich in der Klinik bleiben, durfte nicht nach Hause. Da keine Therapiestunden stattfanden kamen mir die beiden Tage unendlich vor. Ich ging innerhalb des Klinikgeländes spazieren, trank einen Kaffee in der Cafeteria. Schlug mir die Zeit um die Ohren, wie ich es nannte. Ab und zu unterhielt ich mich mit einer Stationsschwester oder mit Patienten und ersehnte mir den Montag herbei.

Es dauerte etwa zwei bis drei Wochen, bis ich sagen konnte, dass ich »angekommen« war. Allmählich hatte ich mich mit der Umgebung angefreundet. Der tägliche Ablauf, die zu Beginn fremde Umgebung wurde mir vertrauter, und ich lernte all die Menschen um mich herum besser kennen.

Dank vieler verschiedener Therapien kam ich in Kontakt mit meinen Mitpatienten. Das tägliche miteinander, sich auch außerhalb der Therapie unterhalten zu können trug zur Heilung bei. Zu erfahren, dass ich nicht die einzige Person bin, der es schlecht ging, war erleichternd.

    Langsam entstand eine persönlichere Verbindung und es gab Situationen, bei denen wir gemeinsam endlich lachen konnten. Nachdem ich das Lachen verloren hatte, war mein Gefühl erstaunlich darüber es wieder zu können und es erleben zu dürfen.

Die Kunsttherapie

Mir wurde erklärt, wo diese Therapie stattfinden würde. Ohne jegliche Erwartung ging ich hin. Kurz danach stand ich in diesem Raum und fand auf einem Tisch, an der Wand, unzählige Farben liegen. Wasserfarben, Buntstifte, Wachsmalstifte, Kreiden und vieles mehr. Wunderbar! Die Kunsttherapeutin zeigte mir alles und ließ mich selbst darüber entscheiden, auf was ich gerade Lust hatte. Schüchtern sah ich mich um und stellte fest, dass die anderen Patienten verteilt im Raum Platz genommen hatten und sich mit ihren Utensilien beschäftigten. Ich wählte einen Pinsel, verschiedene Plakafarben und einen Papierbogen aus.

Ich bin keine Malerin, jedoch einfach mal mit Farben zu spielen, verschiedene Pinsel mit mehr oder weniger Farbe auszuprobieren bereitete mir Spaß. Ich erinnere mich daran, wie schön es sich anfühlte ein kräftiges Gelb auf dem weißen Papier zu sehen. Es tat meinen Augen so gut. Ich konnte auf einmal spüren, wie schön es sich anfühlte selbst gewählte, bunte Farben sehen zu können.

Dieses Gefühl zuzulassen darin, sprichwörtlich, förmlich baden zu können. Eine Wohltat.

Nie werde ich vergessen, dass ich mich traute, die Farbe Schwarz in meinem Bildnis zu verarbeiten. Dadurch bekam alles viel mehr Ausdruck. Ich erkannte, wie wichtig das Dunkle in meinem Leben war. Erst in dem Moment empfand ich mein Bild ausdrucksstark.

Ich stellte fest, dass genauso das Leben sei. Schwarz gehört dazu, um intensiv und tiefgründig zu leben.

Am Therapieende wurden alle Bilder ausgestellt und einzeln in der Runde besprochen.

Das Feedback zu meinem Bild war schön zu hören. Jemand sagte: »In dir ist viel Leben …«

Und ich dachte von mir selbst, dass ich nur noch traurig sein konnte. Das Feedback gab mir dahingegen Vertrauen, dass da mehr in mir steckte als das, was ich momentan spürte.

Ich war auf die nächste Kunsttherapiestunde gespannt. Während jeder der Patienten vor sich hinmalte, entstand eine schöne Atmosphäre. Die seit Wochen starke Anspannung in mir konnte ich etwas lockerlassen. Ich war mit Betroffenen zusammen, die ein gleiches Krankheitsbild aufzeigten. Nette Gespräche begannen und man lernte sich immer besser kennen. Natürlich waren die Gedanken an zu Hause allgegenwärtig.

Wie geht es meiner Familie? Wann würde ich wieder zu Haus sein können?

Doch gleichzeitig merkte ich, dass ich mir diese Gedanken nicht halfen gesund zu werden. Ich musste von zu Hause loslassen. Ich kann jetzt nichts für meine Familie tun, sondern darauf vertrauen, dass es auch ohne mich weiter geht, dass sie zurechtkommen. Diese Gedanken kamen bei allen Müttern oder Vätern auf, die sich für eine Therapie entschlossen hatten. Wir saßen alle im gleichen Boot und konnten uns außerhalb der Therapiestunden gegenseitig helfen. Dieses ständige Zusammensein mit Menschen förderte die Genesung, denn sie wussten, wovon ich redete, was mich beängstigte, meine negativen Gedanken wurden verstanden und die meisten kannten sie von sich selbst. Ich empfand es als erleichternd verstanden zu werden. Zwischen den einzelnen, verschiedenen Therapien gab es immer genug Zeit sich zurückzuziehen.

Nach etwa drei bis vier Wochen konnte ich sagen, dass ich mich sicher fühlte. Es fühlte sich wie ein Nest an, in dem ich mir immer Hilfe holen konnte und es mir besser ging als zuvor zu Hause.

Nach dem ersten Wochenende, dass ich in der Klinik verbringen musste, konnte ich an den folgenden, erst einmal für einen Tag, nach Hause. Entweder am Samstag oder am Sonntag.

Ich entschied mich oft für den Sonntag.

Doch nach Hause zu gehen war gar nicht so leicht. Auf der einen Seite freute ich mich darauf mit meinem Mann und den Kindern zusammen sein zu können, doch die Angst steckte in mir, dass es sich wieder so anfühlen könnte wie zuvor. Die Therapeuten legten mir nah, alles langsam anzugehen.

Ja, ja, dachte ich, das mache ich schon.

Doch zu spüren, dass jeder, besonders die Erwachsenen einen genauestens beobachteten, war schwer. Ich wollte normal sein, keine Behinderung, keine Sorge oder Belastung für niemanden. Für mich war es auch wichtig zu testen, ob ich wieder alltagstauglich sein konnte. Meine Kinder und meinen Mann zu erleben, wie es denen, mit mir und der ganzen Situation erging, hatte eine große Bedeutung für mich. Es war wichtig, dass sie mit mir sprachen, dass jeder von ihnen ehrlich mit mir kommunizierte. Nur so konnte ich weiterarbeiten, an mir und unserer familiären Situation. Mir war bewusst, dass es für uns alle anstrengend war. Jeder leidet auf seine eigene Weise, jedoch nichts zu sagen oder vieles zu unterdrücken ist krankheitsfördernd. Das gemeinsame oder auch einzelne Gespräch ist wichtig. Zusammen diese Situation als Chance zum Wachsen zu nutzen, ist hilfreich. Förderlich für jedes Mitglied aus der Familie, dem Freundeskreis. Der ehrliche Umgang ist wichtig.

Natürlich empfindet jeder Mensch Zufriedenheit anders, jedoch die einzelnen Bedürfnisse erst einmal aussprechen zu können und dann gemeinsam eine Lösung zu finden wäre gut.

Aus diesem Grund kann ich immer dazu raten, dass sich auch das Umfeld Unterstützung sucht. Einzeln und dann gemeinsam.

Die/der Erkrankte bringt etwas zutage, dass alle in seiner Nähe betrifft. Oft ist das nicht machbar, denn der freiwillige Gang zur Therapie ist bei vielen Menschen leider immer noch mit Scham besetzt. Obwohl es ein gewinnbringendes Ergebnis mit sich bringt. Freier und selbstbestimmter, ohne zu früherer Zeit auferlegte Verhaltensmuster leben zu können bringt persönliche und damit auch glücklichere Lebenssituationen mit sich.

Die/der Erkrankte gibt sich und ihrem Umfeld eine Chance zum Wachsen. Nicht nur für sich selbst, sondern auch für die Angehörigen.

Im Nachhinein hat mir jede depressive Phase unwahrscheinlich geholfen zu wachsen.

Selbstbestimmt leben zu können und immer mehr sich selbst zuzutrauen, das zu leben, was einen glücklich macht. Damit ist nicht gemeint, dass man nur noch an sich selbst denkt! Keiner will abgeschnitten von anderen Personen sein. Wir sind Gemeinschaftswesen. Also lass dich nicht von dem Gedanken bezwingen, du könntest dich zum Ego Shooter entwickeln.

Es gibt noch etwas Schönes bei deiner Entwicklung, du wirst anderen dabei helfen können, zu sich zu finden. Anhand deiner Erfahrungen. Du wirst diese Person stärken können, ihren Weg zu gehen, so wie du es gelernt hast.

Zurück zum ersten Wochenende, bei dem ich eine Nacht zu Hause verbringen durfte. Es war auf der einen Seite sehr schön, dadurch, dass ich meine Kinder und meinen Mann in die Arme nehmen konnte. Auf der anderen Seite merkte ich jedoch, dass meine Seele noch nicht geheilt war. Der seelische Schmerz war immer noch da. Ich war noch nicht alltagstauglich. Müdigkeit überfiel mich und diese Traurigkeit, die so schwer zu ertragen war, holte mich wiederholt ein. Ich bekam Angst, nicht mehr gesund zu werden.

Die Seele brauchte Zeit, um zu gesunden, das erlebte ich deutlich. Drum sehnte ich mich zurück in die Klinik, in dieses Nest. Dort war der seelische Schmerz geringer, obwohl es unglaublich zermürbend für mich war meine Familie wieder verlassen zu müssen. Aber ich musste und wollte gesund werden! Das war mein vorrangiges Ziel. Zum Glück wusste ich meine Kinder in liebevoller Obhut ihres Vaters und ihrer Oma.

Für alle Familienmitglieder war es schwer.

Die Therapien gingen weiter. Nachdem ich meinen mir zugewiesenen Psychologen immer besser kennenlernte, fasste ich Vertrauen, öffnete mich mehr. Zu lernen sich alles von der Seele reden zu können, befreit. Durch Fragestellungen des Therapeuten bekam ich die Möglichkeit alte Glaubenssätze zu überdenken, die ich auch durch meine Kindheit gelernt und mir angeeignet hatte.

Es bestand die Möglichkeit meine wahren Wünsche äußern zu können, ohne von anderen Personen schräg oder ohne Verständnis wahrgenommen zu werden. Oder mich selbst zu verurteilen, wenn ich bestimmte Sachen nicht machen möchte, es merkte, dass sie mir nicht guttaten, ich mich aber nicht traute den eigenen Weg zu gehen.

Das Ziel des Therapeuten ist es den Menschen zu seiner Größe, seinen Wurzeln, zu führen. Das heißt die zu behandelnde Person selbstständig, im eigenen

Tempo, eine Lösung für seine Probleme finden zu lassen. Sie darin zu bestärken, die eigenen Bedürfnisse ernst zu nehmen und sich nicht für andere zu verbiegen, in der Annahme dann erst geliebt oder anerkannt zu werden. Denn das macht krank. Therapeuten leisten Hilfestellung bei der eigenständigen Entwicklung zu einem glücklichen Menschen. Zu einer Person, die damit leben kann, anders zu handeln, als es sich das Umfeld vorstellt und sich dennoch mag.

Solch eine Entwicklung konnte ich erfahren. Das ging nicht von heute auf morgen, jedoch durfte ich lernen, dass es einen solchen Weg gibt. Ich darf meine Bedürfnisse ernst nehmen, ja sogar sehr, ansonsten wird die Seele nicht heilen können.

Die Beschäftigungstherapie

Dabei gab es verschiedenste Materialien, die sich der Patient aussuchen konnte. Ich wählte die Möglichkeit einen Korb mit Weidenzweigen zu flechten.

Zu erfahren, wie ein Korb hergestellt wird, fand ich interessant. Erst wurden die Zweige gewässert, bis sie weich und biegsam wurden. Dann lernte ich den Flechtvorgang. Diese manuelle Arbeit half mir von meinen kreisenden Gedanken wegzukommen. Für zwei Stunden war ich beschäftigt mit dem Binden. Dank meiner Hände entstand etwas und das gab mir Zufriedenheit. Seit langer Zeit gelang mir endlich etwas. Das gab mir Kraft. Rückblickend stellte ich fest, dass ich in dieser Zeit nicht an selbstzerstörenden Gedanken gefesselt war. Die kreative Arbeit nahm mich in ihren Bann und dabei entstand ein sehr schöner Korb.

Die Tanztherapie

Sie gehörte auch zu den Therapieangeboten in einer Klinik, in der ich war. Jeder bekam die Möglichkeit sich frei zu einer Musik zu bewegen.

In Bewegung zu kommen ist hilfreich. Gedanken kommen ins Fließen. Der Körper kommt in Schwingungen und Gefühle verändern sich. Es dauerte eine Zeit lang, bis Vertrauen in der Gruppe entstand und jeder sich freier bewegte, so wie es einem guttat.

Die Therapeuten unterstützten dabei. Sie führten die Patienten immer mehr an deren Körper heran. Es kam mir vor, als ob ich die Möglichkeit besaß, mit meinem Körper spielen zu können. Wir wurden dazu aufgefordert neue Bewegungen auszuprobieren.

Das machte Spaß. Durch verschiedenste Vorgaben seitens der Therapeutin erfuhren wir, dass die Körpersprache die ehrlichste ist. Hinter Wörtern kann man sich gut verstecken. Oder Wörter werden oft ganz unterschiedlich verstanden, aufgefasst. Die Körpersprache jedoch nicht. Sie ist für jeden sofort verständlich.

Ich entdeckte an mir, dass ich mich ganz anders fühlte, wenn ich mich aufrichtete. Das gab mir meine Stärke zurück. Ich war wieder da. Anders als wenn ich mich gebückt bewegte, mit eingezogenem Kopf und hochgezogenen Schultern. Dabei fühlte ich mich klein, schwach und somit unwohl.

Die Arme seitlich auszustrecken, den Brustkorb zu öffnen, ließ mich freier fühlen. Mein Herz öffnete sich. Freude hatte wieder Platz bekommen. Anders, als wenn ich meine Arme um mich legte und mein Brustkorb sich zusammenzog. Dann bewusst immer wieder das Öffnen und das Schließen des Brustkorbes zu spüren, bewirkte Aufnahme und Rückzug in mir. Beides wichtige Fähigkeiten, die ich mir zu nutzen machen konnte.

Bewegungen, so entdeckte ich, sind direkt an Gefühle gekoppelt. Das überzeugt.

Es war schön sich selbst wieder spüren zu können. Weiche Bewegungen führten mich liebevoll zu mir zurück. Ein schönes Gefühl. All die Anspannung, in der ich mich seit langer Zeit befand, konnte etwas nachgeben.

Harte, zackige, stampfende Bewegungen hatten jedoch auch Kraft in sich. Wut machte sich breit. Auch eine Form von Kraft, die wichtig war. Dank meiner Therapeutin konnte ich meine Wut aus meinem Körper lassen. Und hinter der Wut hatte sich die Trauer versteckt. Ich begann zu weinen und konnte endlich nachgeben, loslassen. Weinen ist befreiend, bringt etwas zum Fließen, Altes kann weichen und Neues kann entstehen. Ich war erschöpft, jedoch dankbar, dass der innere Druck nachließ.

Bei der Tanztherapie kamen wichtige Themen in mir hoch, die ich dann zusätzlich mit meinem Psychologen und Psychiater besprechen konnte.

Schritt für Schritt. Langsam kam ich meiner Heilung entgegen.

Nicht jeder Tag war gleich. Es gab Tage, bei denen ich großen Erfolg verspürte und dann leider wieder miese Tage, bei denen ich dachte, das wird nie etwas. Aber das war ganz normal. Zum Glück gab es immer die Mitpatientinnen und Mitpatienten, die Ähnliches durchlebten.

Gegenseitig bauten wir uns immer wieder auf, das war hilfreich und schön. So unterschiedlich wir auch waren, jedoch im Leid und auch in der Freude verbunden, erlebten wir ein Miteinander auf berührender Ebene.

Das möchte ich nicht missen.

Die Theatertherapie

Sie wurde in einer anderen Klinik angeboten. Hier bekam ich die Möglichkeit mich spielerisch auszudrücken. Nach anfänglichem Kennenlernen bekamen die Patienten immer mehr Vertrauen in eine Rolle zu schlüpfen. Es wurde zum Beispiel eine Geschichte vorgelesen und wir hatten die Aufgabe, in jeweils zwei Gruppen, uns diese gegenseitig vorzuspielen. In der Geschichte kamen verschiedene Archetypen vor. Archetypen sind universale Urbilder oder Urfiguren, die mit bestimmten Emotionen, Eigenschaften und Zielen verbunden sind.

Die zwölf Archetypen

- Der Held: stark, mutig, hilfsbereit, kämpft für das Gute
- Der Liebende: leidenschaftlich, verführerisch, vermittelt Geborgenheit
- Der Unschuldige: spontan, optimistisch, verlässlich, moralisch
- Der Zauberer: visionär, kreativ, idealistisch, lässt Träume wahr werden
- Der Rebell: bricht Regeln, widersetzt sich dem Mainstream, schockiert
- Der Narr: humorvoll, sympathisch, unterhaltsam

- Der Herrscher: dominant, verantwortungsvoll, kontrolliert
- Der Betreuer: fürsorglich, selbstlos, hilfsbereit, mitfühlend
- Der Entdecker: abenteuerlustig, unabhängig, individualistisch
- Der Jedermann: bodenständig, traditionell, einfach, bescheiden
- Der Schöpfer: kreativ, erfinderisch, proaktiv, will etwas erschaffen
- Der Weise: nachdenklich, vertrauenswürdig, intelligent, analytisch

In diesen Geschichten kamen solche Archetypen vor. In die Rolle der verschiedenen Typen zu schlüpfen, machte mich lebendig. Es fiel mir leicht. Ja, es machte Spaß verschiedene Eigenschaften zu spielen. Ich war in einer Rolle, dachte dabei nicht mehr über mich nach, sondern konnte Emotionen auf spielerischer Art zeigen. Das fühlte sich nicht mehr tot oder stumpf an. Da war Lebendigkeit spürbar.

Um eine Heldin zu spielen, musste ich raus aus meiner Negativität, hinein in etwas Starkes. Und gräbt man das wieder aus seinem Inneren heraus, bringt es auf die Bühne, beglückt es einen.

Da es in der Depression nicht mehr vorstellbar war überhaupt etwas tun oder erreichen zu können.

Dadurch das wir die Möglichkeit bekamen diese Archetypen zu spielen, bekamen wir wieder Kontakt zu uns selbst.

Nichts in mir war verloren, nur meine Wahrnehmung von mir selbst war reduziert und selbstzerstörend. Ich hatte die Verbindung zu meinen Emotionen verloren. Dadurch, dass ich diese im Spiel zeigen konnte, realisierte ich, dass sie scheinbar irgendwo in mir sein mussten.

Die Gruppentherapie

Alle Erkrankten von meiner Station saßen gemeinsam mit einem Psychologen im Kreis zusammen. Nach einer Befindlichkeitsrunde, bei der jeder mitteilte, wie es ihm ging, entwickelte sich ein Thema über das diskutiert wurde. Es brauchte seine Zeit, bis ich mich traute mein Anliegen zutage zu bringen. Es erging jedem von uns so. Mit der Zeit entstand Vertrauen zueinander.

Über mein Problem vor einer Gruppe zu sprechen war sehr hilfreich. Schon allein die Meinungen und Erfahrungen von anderen zu hören war erweiternd. Ich empfand oft die Gruppentherapien hilfreicher als die Einzeltherapie. Es entstanden unterschiedliche Meinungen zu einem Thema. Mehrere Personen konnten mehr Dinge in die Runde einbringen als nur zwei. Allein schon zu bemerken, dass ich nicht die einzige Person war, die an einem gleichen Problem festhing, half. Oft dachte ich, dass ich bestimmte häusliche Situationen, die mich enorm anstrengten, nur ich so empfand und andere damit kein Problem hatten. Dem war jedoch nicht so.

Wenn du lernst über deine Gefühle zu sprechen, vor einer fremden Gruppe, wirst du die Erfahrung machen, verstanden zu werden. Man kann sich alles von der Seele reden, ohne unterbrochen zu werden, und vor allen Dingen, sitzen in der Runde Personen, die nicht unmittelbar aus deinem Umfeld kommen. Dadurch sind diese mit deinem Anliegen nicht so involviert, als deine Familie zu Hause.

Denn, wie schon zuvor erwähnt, hat Depression auch immer etwas mit dem Umfeld zu tun. Eine zusätzliche Hilfe ist, dass du üben kannst neue Verhaltensmuster zutage zu bringen. In der Therapie geht es darum, für dich herauszufinden, was dich depressiv gemacht hat. Sie hilft dir Grenzen in dir wahrzunehmen und dich für diese einzusetzen. Das heißt, zu lernen für sich selbst zu kämpfen und nicht gegen sich. Wir haben alle Angst allein dazustehen. Deshalb hatte ich mich oft verbogen, um nicht vom Umfeld als schwach oder falsch deklariert zu werden. Auch von mir selbst. In der Therapie bekam ich die Chance zu lernen, wo meine Grenzen sind. Denn wenn ich diese überschritt, meldete sich wieder die Depression, die totale Erschöpfung. Um die Angst zu überwinden, durch mein verändertes Verhalten anzuecken, benötigte es Zeit.

Situationen wurden gemeinsam kreiert, in denen ich mich vor die Gruppe stellte und meine Bedürfnisse aussprach. Andere hatten die Rolle mir zu widersprechen, mich also in mein altes Verhaltensmuster zu führen und ich erlebte immer öfter, was das mit mir machte. Bis ich endlich die Kraft hatte zu mir zu stehen und es sogar aushalten konnte, Gegenstimmen anzunehmen. Mich dabei nicht zu verneinen, sondern sogar mich liebend zu spüren, war ein großer Erfolg. Das zu erleben war schön. Dank meiner Gruppe in der Klinik. In der Gruppe wurde allen geholfen. Erstaunlicherweise stellte ich fest, dass man sich mit allen Beteiligten verbinden konnte. Überall gab es Themen, die ich von mir kannte. Dadurch war das Gemeinsame, also die Gruppentherapie besonders produktiv.

Die Einzeltherapie

Diese ist auch wichtig. Nach und nach lernte ich meinen Therapeuten kennen. Mit der Zeit entstand ein Vertrauensverhältnis. Ich wiederhole mich, denn diese Worte standen bereits öfters im Text. Lernte kennen, fand Vertrauen, doch es war jedes Mal aufs Neue zu bewältigen. Mir wurde immer mehr bewusst, dass wenn ich mit dem Therapeuten nicht alles bespreche, ich eine Chance verpasse. In meinen Augen oft peinlich, jedoch war es für ihn nie peinlich.
Gerade diese Momente waren besonders wichtig, da es darin um mein innerstes Anliegen ging.

Ein Therapeut hat Schweigepflicht und so kannst du dich frei bewegen, ohne dass es ein anderer hört, den du vielleicht durch dein Aussprechen, aus deinem Herauslassen, kränken könntest, oder was auch immer.

Ich wurde stetig selbstbewusster und wenn ich mich vom Therapeuten missverstanden fühlte, konnten wir darüber sprechen, bis die Sache geklärt war. Ich lernte mich verständlicher auszudrücken. Meine Bedürfnisse ernst zu nehmen, ohne mich dafür zu verurteilen.

Denn wer gibt denn gerne ehrlich zu, dass er überfordert ist? Die Therapeutin, der Therapeut führte mich zu meiner Eigenliebe. Ein schwieriges Wort. Es ist wichtig sich in der Eigenliebe immer wieder zu spüren. Jeder von uns ist für sich selbst die wichtigste Person. Ich drücke es mit anderen Worten aus: Du bist dir selbst am nächsten. Dazu zu stehen ist oft schwer. Sofort schoss es durch meine Gedanken: Dann bin ich ja egoistisch ... wenn ich nur an mich selbst denke.

Nein! Dem ist ganz und gar nicht so.

Als ich dazu bereit gewesen bin, mich liebevoll anzunehmen, mit all meinen Stärken und den Schwächen, spürte ich Authentizität. Selbstbestimmt handeln zu können und nicht fremdgesteuert zu werden. Solch ein Gegenüber wünscht sich jeder oder nicht? Ich finde es oft nervig, wenn jemand nicht klar sagt, was er oder sie gerne möchte, und man dann dem anderen seinen Wunsch von den Lippen ablesen soll. Zumal es dann oft der falsche Wunsch ist. Ich machte es selbst oft genug, weil ich mich nicht traute zu meinem Bedürfnis zu stehen. Das Miteinander wird wesentlich leichter und vor allen Dingen ehrlicher.

Wir haben alle Verhaltensmuster in der Kindheit gelernt und ins Erwachsenwerden mitgenommen. Die mich krank machenden Muster oder besser gesagt diejenigen, die nicht mehr zu mir passten, lernte ich zu erkennen. Das war ein großer Schritt und brauchte Zeit. Diese Verhaltensmuster dann auf meine Art zu verändern erforderte Mut. Denn damals, als Kind, hatte ich Zuneigung dafür erhalten. Die Frage kam auf, wenn ich meine Muster ändere, würde ich dann Ablehnung erhalten?

Es erfordert Mut für sich selbst einzustehen, jedoch auch große Freiheit.
Dafür bin ich dankbar.
Auszuhalten, dass es Menschen in meinem Umfeld gibt die es anders wollen und dennoch zu mir selbst zu stehen, erhält die Gesundheit. Dank der Depression habe ich gelernt selbstbestimmt zu handeln, zu mir zu stehen.

Und meine Therapeuten halfen mir dabei. Sie begleiteten mich. Ausführen musste ich es selbst. Es gab ein Gespräch, bei dem mein Mann mit anwesend war. Es hatte Sinn, denn so konnte die Therapeutin unsere Beziehung erleben, was natürlich für eine Therapie notwendig ist. Sie erfuhr, wie mein Ehemann die Dinge wahrnahm. Weitere wichtige Schritte, um die Behandlung während meines Klinikaufenthaltes zu unterstützen.

Während all dieser intensiven Arbeit an mir selbst hatte ich oft enorme Angst. Werde ich von meinem Mann, meinen Kindern verlassen? Hält es noch jemand mit mir aus? Könnte ich allein leben? Meine Kinder zu verlieren, war mein größter Albtraum gewesen. Hinzu kamen Vorwürfe an mein Umfeld. Wäre es anders, würden sich die Menschen aus ihren Mustern herausbewegen, dann bräuchte ich nicht immer in die Klinik, um mich zu finden und nicht ständig lernen müssen für mich einzustehen. Ich konnte mich noch so sehr mit harten Vorwürfen an anderen Menschen auslassen, jedoch geholfen hatte es kein bisschen. Im ersten Moment kann man sein eigenes Unvermögen auf andere schieben und vielleicht geht das auch eine Weile, nur ändert es nichts an seiner eigenen Lage. Ich fühlte mich schwach und matt. Wir sind gut geübt die Schuld auf andere zu projizieren, nur um nicht bei uns selbst anzufangen. Denn das ist anstrengend. Es ist jedoch viel schlimmer sich immer weiter in eine Opferrolle zu begeben.

Frag dich bitte selbst, ob du folgendes gerne hören möchtest: Du Arme(r), du tust mir so leid. Ach je, …

Das raubt dir nur zusätzlich Kraft und wie schnell nehmen dann andere dein Leben in die Hand. Und dann bestimmt oft genug, wie du es eigentlich nicht möchtest. Du wirst fremdgeleitet und ziehst mit, obwohl es dir nicht guttut und schon gar nicht deiner Gesundheit.

Los! Kämpfe für dich!, war mein persönliches größtes Anliegen.

Ich wurde wieder gesund.

Eine Therapeutin oder ein Therapeut begleitet dich ein Stück in deinem Leben. Alle, die mich begleiteten, sind mir ans Herz gewachsen. Keinen von ihnen möchte ich missen. Wunderbare Menschen, die mir geduldig zugehört haben, immer wieder Fragen stellten und ich mich somit immer besser kennenlernen durfte. Vielleicht hört sich das im ersten Moment fremd für dich an. Was soll ich denn an mir kennenlernen?, waren meine damaligen Gedanken. Ich weiß doch wer ich bin.

Meine Hoffnung und zugleich Angst waren, dass die Therapeuten mich nicht verstehen, oder dass sie mir vorschreiben, was ich tun soll, wie ich mich zu verhalten habe. Nein, so war es nicht, sondern ganz anders. Durch mein Erzählen und die Fragen des jeweiligen Therapeuten kam ich immer mehr zu mir selbst. Zu bemerken, warum ich bei bestimmten Situationen entsprechend handelte, setzten mich ins Erstaunen.

Die Frage: »Kennen Sie das aus Ihrer Kindheit?« Meine Antwort: »Ja.«

Und dann verstand ich, dass ich noch immer und vor allem unbewusst so handelte, aus alten Verhaltensmustern heraus. In meiner Kindheit habe ich gelernt, auf bestimmte Situationen so oder so zu handeln. Immer mit dem Bedürfnis geliebt zu werden. Dadurch erhielt ich Anerkennung und fühlte mich richtig. Wir lernen bestimmte Verhaltensmuster, die wir auch als Erwachsener unbewusst weiter leben ... Bis es eben nicht mehr geht. Das eigene Verhaltensmuster passt nicht mehr, man handelt nicht mehr so, wie es jetzt zu einem passen würde, und ist am Ende unglücklich.

Ich gebe zu, immer weiter zu erforschen, warum ich so handle und woher das kommen könnte, ist beschwerlich. Oft genug war ich genervt von mir selbst, weil ich nicht so handle, reagiere, wie ich es eigentlich möchte, sondern so, wie es die Gruppe möchte. Aus Angst zu mir selbst zu stehen. Und ich machte meine Umgebung für mein Leben verantwortlich, anstatt selbst Verantwortung zu tragen.

Durch all diese Phasen hatte ich zu gehen und gehe heute immer noch weiter. Der Unterschied heute zu damals ist der, dass ich schneller erkenne, in welchem Muster ich gerade hänge und es somit ändern kann.

Mir hilft folgender Satz: Damals als Kind handelte ich so, heute bin ich erwachsen und handele auf die Art und Weise, die gut für mich ist.

Drum behaupte ich, dass die Depressionen gut für mich waren. Denn dadurch lernte ich mich selbst zu fühlen, die Selbstverantwortung und kann entscheiden, was mir guttut und was nicht. Ich lernte für mich einzustehen. Traue mich jetzt zu sagen: »Das kann ich nicht. Das möchte ich nicht.« Und ich schaffe es auszusprechen, ohne dass ich mich dabei schlecht fühle. Das freudige Ergebnis war, dass das Umfeld es akzeptierte. Ich lernte stetig mehr auf meine innere Stimme zu hören und diese ernst zu nehmen.

Trau dich, zu dir selbst, zu deinen eigenen Gefühlen und Wünschen zu stehen. Es wird dir guttun. Du wirst es erleben, lass dich darauf ein.

Das innere Kind

Um nicht immer wieder in die Falle zu geraten, sich selbst als »egoistisch« zu betiteln oder betitelt zu werden, wurde ich zu der Arbeit mit dem inneren Kind geführt.

Wiederholend wurde ich von meiner Vergangenheit eingeholt. Oft fühlte sich, wie ich handelte, nicht frei an. Das machte mich unglücklich. Der Ursprung dafür liegt oft in der Kindheit.

Emotionale Verletzungen, Liebesentzug, negative Erlebnisse, als dies können schlimme Folgen haben. Um diese Verletzungen heilen zu können, musste ich zurück in meine Kindheit. Das bedeutete zurück zu dem Schmerz in der Kindheit.

Meine Therapeutin stellte mir folgende Frage: An was erinnert dich dein Verhalten?

Ich fing an gedanklich in meiner Vergangenheit zu forschen. Das brachte mich zu einigen Erinnerungen, die seelischen Schmerz aufleben ließen, den ich die Jahre über unterdrückt habe. Ich weinte, um diese vergangene Zeit.

Das brachte mir Erleichterung.

Langsam und behutsam führte mich die Therapeutin an diese Erinnerungen heran. Im ersten Moment bekam ich Angst. Oh Gott, dachte ich mir. Ist das gut dorthin geführt zu werden? Macht das Sinn, alles noch einmal aufzuwühlen?

Aber dank dieser einfühlsamen Begleitung kam ich zu dem Entschluss: Ja, es ist wichtig zurückzuschauen, um das Handeln in der Gegenwart zu verstehen. Schließlich war ich mit meinem Handeln nicht glücklich und wollte etwas verändern.

Meine Motivation war, ich musste eine Veränderung herbeiführen, sonst würde ich immer wieder erkranken.

Um die aufkommende Trauer nicht derart tragisch zu fühlen, setzte ich jedes Mal blitzschnell meinen Kopf ein: Ja, war nicht schön, aber meine Eltern meinten es doch nur gut mit mir, oder sie hatten Angst um mich, deshalb handelten sie so. Und so weiter. Dieses Denken half nicht. Es brachte mich vom Schmerz weg, den ich jedoch fühlen sollte. Es hat Sinn, zu spüren, was das Damalige mit mir gemacht hatte. Ich war damals wehrlos, in mir selbst gefangen und fühlte mich unendlich schlecht. Und genauso erlebte ich verschiedene Situationen in meinem erwachsenden Status. Die gleichen Gefühle wie in der Kindheit.

Durch die Therapie verstand ich, was da automatisch in mir ablief. Unbewusstes handeln aus der Kindheit. Und wenn ich mich nicht anpasste, dann würde ich bestraft werden. Ich nahm in Kauf, mich wehrlos zu fühlen. Genauso wie früher.

Ich bin dankbar, dass ich lernte, dass es so nicht sein muss.

Ich bin erwachsen, für mein Leben selbstverantwortlich und somit kann ich entscheiden, was für mich gut ist. Das bedeutet also erwachsen werden. Die Verhaltensmuster aus der Kindheit loslassen, neue Wege gehen und mich gutfühlen, in all meinem Handeln.

Das Sonnenkind

Das Sonnenkind gibt es auch in uns.
Viele Dinge in der Kindheit waren sehr schön. Ich fühlte Freiheit, Glück und Liebe. Sie machten mich stark fürs Leben. Das miteinander reden, die vielen Diskussionen machten mich besonders dankbar.
Meine Geschwister, was wäre ich ohne sie?
Noch heute sind wir eng miteinander verbunden und können über alles sprechen. Das ist unseren Eltern zu verdanken. Vor allem mein Glaube, der mir in meinen schwersten Stunden Halt gab und weiterhin gibt. Diesen Grundstein setzten meine Eltern.

Meine Aufgabe bestand darin, mit dem Schattenkind Frieden zu schließen. Nur so konnte ich mein volles Potenzial leben. Es gibt verschiedenste Wege, wie man das verletzte innere Kind heilen kann. Das Kind in dir muss Heilung finden, ist eine schöne Beschreibung dafür.
Eine Hilfe war für mich, mir die damalige kleine Theresa vorzustellen, sie vor mir zu sehen. Sie erst einmal wahrzunehmen. Zu spüren, sie nach ihrem Wohlbefinden zu fragen. Ich ließ sie vor meinem inneren Auge erscheinen. Fragen zu stellen, was sie bräuchte, damit es ihr gut geht, hatten Wirkung. Meistens ging es darum, dass sie erst einmal in den Arm genommen werden wollte. Dass ich sie mit

Liebe und Zuneigung sehe. Nicht mit Forderungen, was sie noch alles machen sollte. Sie hatte sich viele Jahre Mühe gegeben und es war selten genug. Meine Augen zu schließen und spüren zu können mich als kleines Kind in den Arm zu nehmen, war berührend. Tränen liefen an den Wangen herab. Ich erlebte, wie innerste Verbindung mit einem nicht anerkannten, nicht sichtbaren Teil in mir entstand.

Es war heilsam!

Mich liebend zu spüren, mein innerstes Kind zu fühlen, übe ich heute noch. Mich selbst in den Arm zu nehmen, musste ich lernen. Ich stellte mir vor ein kleines Kind im Arm zu haben und dieses liebevoll zu betrachten. Mit ihm zu sprechen, es zu fragen, was es bräuchte, damit es ihm gut geht. Das hilft ungemein! Dabei entstanden Erinnerungen, was die kleine Theresa schon alles erlebte und geschafft hatte. Wie mit einem Kind, das ich sehr liebe, lobe ich die kleine Theresa und schenke ihr meine Bewunderung. Dadurch tröste ich mich selbst und meine Eigenliebe wächst. Erlebnisse, auf die ich nicht mit gutem Gewissen zurückblicken kann, nehme ich wahr und versuche sie in Frieden loszulassen. Indem ich mit ihr darüber spreche, wird mir bewusst, dass das auch zum Leben gehört. Es gibt Wesenszüge, die nicht gut sind und die gehören auch zu Theresa, zu mir.

Dennoch kann ich mich liebend betrachten, ohne mich zu verurteilen. In bestimmten Situationen wusste ich nicht anders zu handeln, habe aber aus den Fehlern gelernt und würde heute anders reagieren.

Dieses üben an Selbstliebe hat nichts mit Egoismus zu tun! Denn nur so kann ich andere mit offenem Herzen begegnen und Liebe geben.

Meine Erfahrung besteht darin, dass es wichtig ist, sich immer wieder zurückzuziehen, sich eine Auszeit zu nehmen, in der man mit sich allein ist. In der Ruhe, der Stille kann Wunderbares entstehen.

Spaziergänge mit meinem Hund Lotta, in die Natur, nähren mich. Das mich selbst zu spüren beginnt.

Es macht mich glücklich in meinem Leben zurückzublicken und zu erkennen, dass alles gut ausgegangen ist. Manchmal anders als ich es mir in manchen Situationen dachte, jedoch stets mit positivem Erleben. Mir wird bewusst, dass es da etwas geben muss, was mich durch mein Leben führt. Etwas nicht Sichtbares, dass es gut mit mir meint.

Für mich ist es das Göttliche. Es gibt das Gute. Es ist überall, nur manchmal sehen wir es nicht, obwohl es immer da ist. Dankbarkeit für mein Leben macht sich in mir breit. Nun kann ich dem Leben vertrauen und gehe Schritt für Schritt mal bewusst, mal unbewusst weiter. Ein unwahrscheinlich schönes Gefühl, welches in der Stille am besten zu erleben ist.

Meiner Familie erzähle ich oft von dem Seelengarten, der in jedem Menschen ist. Ihn zu pflegen ist wichtig. Dazu gehört auch sich nicht die brutalsten Filme anzusehen. Es zerstört den Seelengarten und es braucht lange, um ihn wieder schön zu gestalten. Natürlich werde ich dabei belächelt, aber dennoch ist es ein Bild dafür, wie wir unser Inneres beschützen sollten. Was unsere Augen sehen, gelangt tief in uns hinein und bewirkt etwas in uns. Unser Innerstes, die Seele zu schützen, zu pflegen, empfinde ich als wesentlich. Dort ist es heilig, in jedem von uns. Oft in Gedanken dort hinzugehen, hilft mir. Da lebt das Glück, die Liebe, die Kreativität und die schönsten Dinge. Ist das nicht ein großartiges Geschenk in jedem von uns? Es braucht keine dieser unzähligen Drogen. Es gibt einen Ort in uns selbst, zu dem wir gedanklich immer wandern können. Dort scheint die Sonne, nur liebe Wesen sind um mich herum, Blumen blühen, Freude überall und wunderbarer Frieden.

War ich in einer depressiven Phase, konnte ich mich nur schwer an diesem Ort einfinden. Ich wusste zwar, dass er in mir ist und konnte ihn kurz fühlen, jedoch die permanent negativen Gedanken hatten Überhand.

Es gibt wunderbare Traumreisen, die ich bei meiner Therapeutin erleben durfte.

Ich legte mich auf die Couch, schloss meine Augen und lauschte ihrer Geschichte. Es sind Geschichten, in denen mir zum Beispiel meine Wesensfreundin oder der Wesensfreund begegnet war. Ich sollte mir ein Wesen vorstellen, dass es im realen Leben nicht gibt. Dieses Wesen kennt mich sehr gut und liebt mich so, wie ich bin. Nun sollte ich Bezug zu diesem Wesen aufnehmen. In meiner Fantasie mit ihr/ihm sprechen. Es war für mich immer Jesus, der mir erschien. Bestimmt auch daher, weil ich dank meiner Erziehung einen starken Bezug zu ihm habe. Wer dir erscheint spielt keine Rolle, wichtig ist nur, dass es ein Wesen aus einer anderen Welt ist, dass dir wohl gesonnen ist. Mit geschlossenen Augen begann nun ein innerer Dialog mit Jesus.

»Bitte zeig mir einen Weg, wie ich wieder gesund werde. Was soll ich tun? Ich bin ratlos«, sprach ich zu ihm.

»Vertraue mir. Es geht vorbei. Ich bin bei dir. Gib dich hin. Lass dich von mir tragen und du wirst sehen, es wird wieder gut. Verurteile dich nicht. Genauso wie du bist, liebe ich dich. Du bist mein Kind. Ich habe dich auf die Erde geschickt, und dort bist du richtig«, war seine Antwort.

Weiter stellte ich mir vor, dass er mich in seine Arme nahm und ich mich fallen lassen konnte. Vertrauen entstand in mir. Ich konnte entspannen.

Nach einer solch geführten Reise ging es mir besser.

Für alle die diese Worte lesen und sich vielleicht denken: Das ist doch alles klar, oder das kann ich dir doch auch sagen.

Es ist etwas anderes, wenn man es selbst erfährt. Es kommt aus einem selbst und das ist heilend.

Durch die Reise zu mir beantwortete ich mir selbst meine Not. Bevor ich mich hinlegte und der Geschichte zuhörte, ging es mir schlecht, danach fand ich selbst in mir einen Weg zur Besserung.

Ich war aus der Depression nicht komplett heraus, jedoch hatte ich wieder Vertrauen, dass ich gesund werde.

Es gibt viele solcher Geschichten (Traumreisen), die dich zu dir führen.

Du musst deiner Therapeutin oder dem Therapeuten nicht erzählen, was du während der Traumreise erlebt hast. Ich hatte das Bedürfnis es zu erzählen, da ich der Überzeugung war, dass die Therapeutin mich dadurch noch besser kennenlernen konnte.

Schritt für Schritt zur Heilung

Durch die Einnahme eines Antidepressivums und den vielen verschiedenen Therapien, die ich in der Klinik durchlief, ging es mir immer besser.

Ich fuhr an den Wochenenden nach Hause und konnte immer mehr in den Alltag einsteigen.

Es kam jedes Mal die Phase, in der ich spürte: Jetzt kann ich wieder selbst laufen und mute mir mein eigenständiges Leben wieder zu. Es dauerte meist drei Monate, bis ich die Klinik verlassen konnte.

Nach diesen Klinikaufenthalten war ich sehr dünnhäutig. Mit dünnhäutig meine ich, sensibel, leicht verletzlich. Auf der einen Seite gab es da immer noch eine kleine Angst wieder zu erkranken und auf der anderen Seite ein großes Bedürfnis Freunde zu treffen. Vor meinem Klinikaufenthalt war das Zusammentreffen mit anderen Personen nicht mehr möglich. Gemeinsame Zeit zu verbringen und sich auszutauschen, fehlte mir. Ich war so unglaublich froh wieder Freude spüren zu können.

Nachdem ich die Klinik verließ, war es mir wichtig eine gute Strukturierung meines Alltags zu kreieren. Die Angst war noch da, ich könnte wieder in diese fürchterliche innere Leere gelangen. Voller Ideen ging ich nun mein weiteres Leben an. Ich recherchierte im Internet. Wenn meine Idee aufgrund meines Wohnortes nicht machbar war, versetzte es mich in Angst. Angst davor, dass ich nicht ausführen könnte, was ich mir vorgenommen hatte. Wieder hatte ich zu lernen dem Schicksal zu vertrauen. Dahin, dass zur rechten Zeit das Richtige auf mich zukommen wird. Geduldig zu sein. Welch eine schwere Disziplin, wenn man die Angst im Nacken spürt, wieder in eine Depression zu fallen.

An dieser Stelle ist es sehr wichtig, sich einer Therapeutin oder einem Therapeuten zu suchen, die/der dich weiter begleitet.

Das wurde mir auch in der Psychiatrie nahegelegt. Ich lernte, dass die Behandlung, während eines Klinikaufenthaltes, eine Notfalltherapie ist. Das tiefste Loch und die totale Erschöpfung waren vorbei. Jetzt ging es um die Langzeitgenesung. Es ist so, als ob über einer tiefen Wunde eine Kruste entstanden war. In diesem Zustand wurde ich entlassen. Jetzt musste aber die Kruste noch gut versorgt werden, damit die Wunde nicht wieder aufplatzen konnte. Deshalb ist es wichtig weiter einer Langzeittherapie zu folgen.

In der Klinik muss man erst einmal wieder auf die Füße kommen und Energie gewinnen. Das, was ich in den Therapien lernte, die sich über Jahre hinzogen, hätte ich kognitiv und gefühlsmäßig in der Depression gar nicht bewerkstelligen können.

Ich lernte eine für mich großartige Therapeutin kennen. Sie führte mich so behutsam und langsam durch meine Baustellen, dass ich niemals das Gefühl von Manipulation oder irgendetwas Negativem verspürte.

Natürlich gab es reichlich Tränen, aber auch lustige Stunden. Tränen sind hilfreich, sie zeigen dir, dass du am richtigen Punkt bist. Der Druck in deinem Körper kann sich entladen. Durch Tränen kommt Angestautes ins Fließen. Es fließt aus dir heraus und macht Platz für das Neue. Ich war dankbar weinen zu können und wurde gleichzeitig liebevoll von meiner Therapeutin begleitet. Ich war nicht allein. Es war schön ihre Hand zu spüren oder ein Taschentuch gereicht zu bekommen.

Jede Stunde wurde so beendet, dass ich gestärkter wieder nach Hause gehen konnte.

Während einer Therapie kam die Zeit, in der ich wütend über Personen war, die mir Kummer zugeführt hatten. Das ist natürlich. In dieser Zeit sollte niemals eine Therapie beendet werden. Das ist eine Phase, durch die man durch muss. Wenn ich damals in dieser Phase mit der Therapie aufgehört hätte, wäre ich eine aufgewühlte, wütende Frau geblieben. Ich hätte mich zum Opfer meiner Vergangenheit gemacht. Als Opfer machst du dich klein, wirst bemitleidet und das wird dich nicht glücklich machen.

Deswegen geh weiter und löse dich von deiner Vergangenheit. Du wirst zu dem Punkt gelangen, an dem du sagst: »Damals musste ich so oder so handeln, heute bin ich erwachsen und handle so, wie es mir guttut.« Diese Verwandlung wird dich sehr glücklich machen und du wirst merken, dass du deine eigene Frau, dein eigener Herr in deinem Körper bist. Es wird dir ständig mehr egal sein, was andere über dich denken oder denken könnten, denn du hast erlebt und erlitten, was nicht gut für dich war. Nur du allein weißt, was dir guttut, ohne dich dabei als egoistisch im negativen Sinn zu fühlen.

Es sind viele wunderbare Erfahrungen, die ich dank meines steten Besuches bei meiner Therapeutin erlernen durfte. Ich schreibe bewusst, »durfte«, denn es ist eine Entwicklung, die ich jedem aus tiefstem Herzen wünsche.

Nach einiger Zeit wurden die Abstände zur Therapie länger. Heute noch, wenn mich etwas besonders belastet, gehe ich wieder zur Therapeutin und lerne weiter. Manchmal denke ich mir, das Leben ist wie ein Abenteuer. Es gibt schwere Zeiten und genauso schöne. Beides gehört zusammen und macht das LEBEN REICHHALTIG.

Du fragst dich, wie es mir heute geht?

Ich habe meinen Tagesablauf strukturiert. Nehme mir meine Zeit für einen Rückzug, erfreue mich an meinen kreativen Aktivitäten. Genieße die Umgebung, in der ich lebe und die Zeit mit meiner Familie, mit meinen Freunden, bin aktiv. Lasse die Angst zu, höre in mich hinein und lasse sie los. Bewege mich in der freien Natur. Stehe für mich selbst ein, kann »Nein« sagen und achte darauf, das, was ich mache mir guttut.

Liebe mich, achte auf mein inneres Kind und lass meine Mitmenschen an allem teilhaben, wenn sie es möchten.

Ein reichhaltiges Leben.

Ich wünsche dir, dass du deinen Weg findest, zu dir, zur Heilung.

Schritt für Schritt …

Hilfen zur Heilung

Was hat mir geholfen

Nachdem ich das erste Mal eine Depression überwunden hatte, spürte ich mich wieder vollkommen in meiner Freude.

Ich habe die Erfahrung gemacht, dass jede Depression aufhört! Dennoch besteht die Angst, dass es eine weitere Depression geben könnte. Mit dieser Angst umzugehen ist nicht einfach. Auch wenn dir immer wieder gesagt wird: »Du hast es doch geschafft. Sollte eine neue Phase kommen kannst du sofort in die Klinik gehen und wirst wieder gesund.«

Faktisch stimmt diese Aussage, jedoch hatte ich große Angst davor, ein weiteres Mal den seelischen Schmerz zu durchleben. Zumal es keine Schmerzmittel dagegen gibt. Ein Antidepressivum lindert zwar die tiefsten Löcher, doch es dauert seine Zeit, bis du wieder zu Kräften kommst.

Die Angst

Mithilfe meiner Therapeutin lernte ich mit dieser Angst umzugehen. Mit geschlossenen Augen sollte ich mir ein Boot vorstellen. Vor meinem inneren Auge kam das Meer auf. Am Kai, an einem dicken Seil angebunden, ein kleines kippeliges Ruderboot, dass hin und her schaukelte. In dieses Boot sollte ich nun die Depression setzen. Dabei atmete ich bewusst wiederholend ein und aus, sodass ich mich immer mehr auf dieses Bild einlassen konnte.

»Jetzt löse doch mal den Knoten und lass das Seil los«, meinte die Therapeutin nach einer Weile. Ich stellte mir vor, dass das Boot sich immer mehr vom Hafen entfernte und Richtung offenes Meer abtrieb. Das Boot dabei weiterhin zu verfolgen, bis es ganz weit draußen, am Ende sogar nicht mehr sichtbar war, half mir die Angst loszulassen.

Kam die Angst in mir wieder auf, fing ich von vorne an.

Stricken und Häkeln hilft mir, auch heute noch. Mit meinen Händen etwas zu gestalten, beruhigt vor ängstlichen Gedanken es könnte wieder losgehen und gleichzeitig finde ich zu meiner Kreativität, die mich glücklich macht.

Schreiben

Kreatives Schreiben ist eine großartige Möglichkeit, sich von ängstigen Gedanken freizumachen. Ich setze mich bequem auf einen Stuhl. Auf den Tisch stelle ich eine brennende Kerze, die mein göttliches Licht symbolisiert. Beobachte eine Zeit lang das Flackern der Kerze, atme tief ein und aus, finde damit zur inneren Ruhe. Dann fange ich an zu schreiben. Darüber, was mich gerade in dem Moment beschäftigt. Entweder schreibe ich es auf einen Block oder nehme mir den Laptop zur Hand. Ich lasse meine Gedanken fließen. Dabei kommt es nicht darauf an nur Positives niederzuschreiben.
Sondern ich befasse mich auch mit den negativen Gedanken, die ihren Platz in den Zeilen finden. Bewusst versuche ich das Niedergeschriebene nicht zu bewerten. Meist entdecke ich dabei den Kritiker in mir. Nach ein paar Worten verschwindet er meist. Wiederholend kommen Erlebnisse zum Vorschein, an die ich im Moment gar nicht denke. Nach und nach wird mir beim Schreiben bewusst, dass ich, aus der Vogelperspektive auf mein Leben blicke. Abstand zum Geschehen entsteht.

Es fühlt sich an, als ob Altes aus mir heraus darf, damit Neues in mich hineinkommen kann. Nachdem ich meine Gedanken, Freuden, Sorgen, Überlegungen und Ängste niedergeschrieben habe, fühle ich mich erleichtert und frei. Ich habe alles an ein Stück Papier oder in den PC abgegeben und dadurch Distanz aufgebaut.

Tanzen

Zu tanzen bedeutet mir viel.

Eine Musik auszuwählen, die mir gerade gefällt und mich zu den unterschiedlichen Rhythmen zu bewegen befreit auf eine besondere Art und Weise. Der Körper kommt in Bewegung und dadurch verändern sich Gedanken.

Beim Tanzen schüttet der Körper die Glückshormone Dopamin und Endorphin aus. Durch die Vielzahl der Reize wird das Gehirn auf verschiedenen Ebenen stimuliert. Drum bringt Bewegung Gefühle zum Vorschein, die schön sind und mich zu mir selbst führen. Betanze dein Leben und du kommst an deine Freude, die immer in dir ist, auch wenn du oft meinst, dass es diese Freude in dir nicht mehr gibt. Sie ist immer vorhanden, du kannst sie durchs Tanzen an die Oberfläche bringen.

Auch hier gilt es wie bei jeder kreativen Arbeit:
Komm weg von deinem inneren Bewerter.
Lass ihn los!
Jede Bewegung ist gut, damit dein Innerstes Ausdruck findet.

Mir persönlich hilft durch tanzende Bewegungen die sonst unterdrückte, aufgestaute Wut aus mir heraus zu lassen. Stampfen, schreien, schütteln oder was auch immer gerade in dem Vorgang passiert, kann aus dem Körper heraus und entspannt. Musik ist ein wunderbarer Träger, um dem Körper Gefühle zu entlocken.

Zum Tanzen ist nicht unbedingt Musik nötig. Sich in der Stille zu bewegen hat auch etwas für sich. Wenn ich mit meiner Hündin Lotta spazieren gehe und an einem schönen Platz vorbeikomme, beginne ich oft zu tanzen. Ob mich in dem Moment jemand dabei beobachtet, spielt für mich keine Rolle mehr, denn ich weiß, dass mir die Bewegung, dass zulassen, gut tut.

Tanzen in der Natur weitet mich, befreit mich.

Weiche, fließende Bewegungen führen mich liebevoll zu meinem Körper und eine Verbindung zu meinem Selbst entsteht.

Diese Gefühle zu beschreiben sind schwierig. Wie soll ich sie erklären, dir näher bringen? Ich gebe dir den guten Rat, es selbst auszuprobieren. Ich liebe es und es hilft mir, bei mir selbst angekommen zu sein.

Sport

Sport ist wichtig für den Körper. Der Kreislauf kommt dabei in Schwung. In depressiven Phasen hatte ich keine Lust dazu. Dennoch zwang ich mich jeden Tag eine Stunde, wenn auch mit einem Personaltrainer, um nicht ständig in die negativen Gedanken abzurutschen. Nach einer Sportstunde hatte ich zumindest das Gefühl etwas geschafft zu haben und das in Verbindung mit Bewegung, gab mir Kraft.

Reiten ist meine Leidenschaft. Interessanterweise fühlte ich mich auf dem Rücken eines Pferdes nie depressiv. Doch den ganzen Tag reiten, das ging leider nicht. Ich glaube, es ist erfüllend, von einem Pferd getragen zu werden, das Leben unter sich zu spüren und Kontakt zu diesen einzigartigen Tieren zu haben.

Die Sportstunden können im Freien abgehalten werden und das Reiten außerhalb der Halle war hilfreich gewesen.

Jeden Tag sich in die Natur zu begeben, frische Luft einzuatmen, erfrischt, verändert Gedanken und löst dich von Gedanken, an denen du festhältst.

Kontakt

Kontakt zu Mitmenschen zu halten war während der Depression schwer. Dennoch gab ich mir immer wieder einen Schubs mich mit einer Freundin oder einem Freund zu treffen. Das war nicht immer einfach, jedoch wichtig, um zu erleben, dass mich mein Gegenüber anders erlebt, wie ich es immer geglaubt habe. Denn ich hatte Angst, dass die Menschen mich ablehnen, sich von mir zurückziehen würden, wenn ich ihnen von meiner Depression erzähle. Mit ein Grund, warum ich mich zurückzog. Traute ich mich den Schritt zu einem Treffen, kam ich nicht nur mit anderen Menschen zusammen, sondern konnte mir gleichzeitig den Schmerz von der Seele reden. Für jedes einfühlsame Wort war ich dankbar.

Rückzug von einer Menschenansammlung war für mich richtig, in einer depressiven Phase, jedoch nicht der absolute Rückzug über Wochen oder Monate hinweg. Denn das wird gefährlich, da die Spirale an negativer Überzeugung sich immer mehr in die Vernichtung windet.

Struktur

Eine Struktur meines Alltags war ein wesentlicher Punkt. Es gibt dir Sicherheit vor einsamen, dunklen Löchern im Alltag. Der ein oder andere wird beim Lesen denken, dass es ganz normal ist, morgens aufzustehen, sich die Zähne zu putzen … Wenn ich mich in einer depressiven Phase befand, wollte ich liegen bleiben, die Decke über den Kopf und nichts hören, nichts sehen und schon gar nicht aufstehen. Drum dachte ich mir, gleichzusetzen mit einer Einkaufsliste, Tätigkeiten für den Tag aus:

- Morgens aufstehen
- Zähne putzen, duschen, anziehen
- Kinder wecken für die Schule
- Frühstücken
- Zeitung lesen
- Kinder in die Schule fahren
- Lebens- und Haushaltsmittel einkaufen
- Sport treiben
- Mittagessen zubereiten
- Gemeinsam mit den Kindern essen
- Mittagsruhe
- Kindern bei den Hausaufgaben helfen
- Post bearbeiten

- Kleinere Tätigkeiten
- Abendessen
- Schlafen gehen

Später kamen folgende Tätigkeiten dazu: Kreatives Schreiben, Tanzen, Yoga und all die anderen Dinge, die mir dabei halfen, den Alltag zu füllen, um nicht in die Apathie zu verfallen.

Für jede Tätigkeit, die ich geschafft hatte, lernte ich mich zu loben. Sehr wichtig, denn es erforderte viel Kraft bei einem depressiven Zustand, überhaupt etwas zu machen oder zu unternehmen.

Yoga

Yoga empfand und empfinde ich auch noch heute als angenehm. Meinen Körper zu dehnen, bewirkt Entspannung. Die Aufforderung der Yogalehrerin, sanft mit seinem Körper umzugehen, nur so viel Dehnung zu machen, wie es einem guttut, gab mir die Erlaubnis, liebevoll mit mir umzugehen.

Mein innerer Richter konnte sich ausruhen. Das schönste war das Ende jeder Yogastunde, die darin bestand, sich flach auf den Boden zu legen und der Entspannung in Form von Klängen zu folgen. Eine wahre Beruhigung für Körper, Geist und Seele.

Sich mal auf den Boden zu legen ist eine schöne Art und Weise, um zu entspannen. Der Gedanke dabei sich Mutter Erde hinzugeben und gleichzeitig getragen zu werden, gab und gibt mir auch heute immer wieder Hoffnung. Zuversicht dafür, dass alles gut wird und ist.

Märchen

Einem Märchen zuzuhören beruhigte meine Gedanken. Ich lernte eine Dame kennen, die auf wunderbare Weise Märchen frei erzählen konnte. Allein schon ihrer Stimme zu lauschen entspannte mein Gehirn. Es fühlte sich für mich so an, als ob die mächtigen, negativen Gehirnwellen in mir flacher wurden, bis hin zu einem ruhigen Meer.

Die negativen Gedankenmuster wichen, damit ich der Geschichte folgen konnte. Zudem gab es immer Heldinnen und Helden, die viele Mutproben bestehen mussten, um am Ende ihr Glück zu finden. Sie litten, kämpften weiter und erreichten ihr Ziel. Durch diese Figuren wurde mir gezeigt, dass am Ende alles gut wird. Das wiederum gab mir Hoffnung für mein eigenes Leid. Die Idee entstand, dass ich alles wie ein Abenteuer sehen könnte, in der Hoffnung ein gutes Ergebnis zu erzielen. Natürlich wusste ich nie ob es denn auch wirklich so ausgehen würde, wie in den Märchen, jedoch gab es in dem Moment Hoffnung und Zuversicht. Das ist immer das aller Wichtigste. Das schönste war, es ging immer gut aus. Jede Depression hat ein Ende!

Märchen besitzen die Eigenschaft, dich an deine Kreativität zu führen. Jeder Mensch stellt sich erzählte Situationen anders vor. Dabei entstehen innere Bilder und du bekommst wieder Zugang zu dir selbst. Zu deiner eigenen Fantasie, das wiederum macht glücklich. Nach den Erzählungen darüber zu sprechen ist bereichernd. Jeder erlebt Märchen unterschiedlich und sich darüber auszutauschen ist erfreulich. Zugleich spannend, welche Figuren dich besonders im positiven sowie im negativen Sinn beeinflusst haben. Es hat immer etwas mit dir zu tun und dadurch bringen Märchen dich auch weiter in deiner Entwicklung.

Dieser mir sehr ans Herz gewachsenen Dame habe ich zu verdanken, dass ich seitdem immer wieder selbst Märchen lese, sie mir aneigne und dann frei erzähle. Selbst in der Erzählerposition zu sein ist etwas Wunderbares. Ich selbst bin so tief in die Geschichte eingetaucht, dass diese zerstörenden Gedanken gar keinen Platz bekommen. Am Ende der Erzählung bin ich jedes Mal entspannt.

Oft rege ich andere Personen an Märchen zu erzählen, oder mir berichten, was sie gerade lesen. Jedes Mal erkenne ich, wie gut es meinem Gegenüber tut, und gleichzeitig werde ich dadurch angeregt, mich damit auseinanderzusetzen. Ein Geben und Nehmen, das beide Seiten stärkt.

Ruhe

Die Ruhe ist ein wichtiger Bestandteil im Leben. Als aktiver Mensch musste ich lernen, ein Mittelmaß zu finden, zwischen der Ruhe und der Aktivität. Ich weiß noch, wie ich zu Beginn der Depressionen dachte: Ich muss jetzt ganz viel arbeiten, dass ich mich selbst nicht als faul empfinde.

Oder sogar denken könnte, mich gehen zu lassen.

Das ist definitiv der falsche Weg!

Es machte mich depressiver und erschöpfter. Ich bemerkte, dass ich dabei vor meinem unerträglichen seelischen Schmerz weglief.

Der Leidensdruck wurde dadurch nicht geringer. Die Ruhe auszuhalten, fiel mir anfangs besonders schwer. Mich ins Bett zu legen, in der Hoffnung erholt oder sogar glücklich aufzuwachen, war jedes Mal eine große Enttäuschung. Es tut einfach so unglaublich weh. Ab und zu wachte ich etwas erholter auf, aber dann meldeten sich auch schon gleich die vernichtenden inneren Gedanken zurück.

Nachdem ich nun verschiedene Verhaltensweisen ausprobiert hatte, entschied ich mich dafür, kleine Dinge im Alltag zu schaffen. Dabei ist es wichtig, sich danach zu loben, denn es bedeutet Hochleistung, in dieser depressiven Zeit seinen Tag zu meistern.

Ich weiß noch, wie mir mein Psychiater erklärte, dass ich während dieser Phase einen Kortison Spiegel im Körper habe, der einem Leistungssportler gleichzusetzen ist.

Erschreckend!

Diese Erkenntnis half dabei mit mir milder umzugehen.

Atmen

Bewusste Atmen. Das bedeutet wahrzunehmen, wie die Bauchdecke sich beim Einatmen hebt und beim Ausatmen senkt. Es hilft die Hand dabei behutsam auf den Bauch zu legen, die Augen zu schließen und zu beachten, wie die Luft in dich einströmt, einen Moment bleibt und dann ausströmt. Eine Atempause entsteht und alles beginnt von vorne.

Diesen Vorgang eine ganze Zeit zu verfolgen OHNE ihn zu bewerten. Immer wieder darauf zu achten, beruhigt den Geist. Den Atempausen Aufmerksamkeit zu schenken, zeigt mir, dass ich Garnichts machen muss. Die Luft fließt von allein in mich ein und aus.

Ich lebe ... ohne mein Dazutun. Welch ein Wunder.

Ein solches bewusstes Atmen kann zu jeder Zeit praktiziert werden. Egal ob ich im Auto sitze, in der U-Bahn stehe, spazieren gehe, auf dem Sofa liege oder was auch immer gerade angesagt ist. Einen Moment innehalten, geht immer.

Die Angst wird dadurch geringer.

Bei jedem Schritt erst einatmen und beim nächsten Schritt ausatmen, bringt dich auch zu dir selbst, in deine Ruhe und zu deiner Eigenliebe.

Beobachten der Gedanken

Das Beobachten der Gedanken gehört zu meinen täglichen Übungen. Es ist ein Training, dass für mich hilfreich ist. Verfalle ich in negative Gedanken, so habe ich mir angewöhnt zu sagen: »Ah ... das ist ja interessant. Jetzt kommt der Gedanke. Ist witzig, wenn ich dies oder jenes gerade erlebt habe, ploppt dieser Gedanke in mir auf.«

Auf diese Art und Weise wird der für mich nicht förderliche Gedanke zum Objekt. Ich bin nicht mehr direkt davon betroffen und kann ihn somit distanzierter betrachten.

Wenn ich will, frage ich mich weiter: An was hat mich diese Situation gerade erinnert? Gab es eine solche in meiner Kindheit? Was hätte ich damals gebraucht, um mich nicht zu entwerten?

Meist ist die Antwort: In diesem Moment hätte ich mir einen liebevolleren Umgang gewünscht. Aber das gehört der Vergangenheit an. Heute lasse ich es zurück und kann mir die Liebe selbst geben. Ich brauche mich nicht mehr selbst zu verurteilen für Dinge, die ich nicht machen möchte.

Das bedeutet: Ich höre auf meine innere Stimme. Ich nehme diese ernst und trete für mich ein. Gerate ich in eine Lebenssituation, die ich allein nicht bewältigen kann, suche ich meine Therapeutin auf und denke mir: Es geht weiter in meiner Entwicklung und der Lebenserfahrung. Stück für Stück gelange ich zu mir und zu meinem selbstbestimmten Leben.

Spiritualität

In den schweren Zeiten hat mir mein Glaube sehr geholfen. Bei den Krankenhausaufenthalten stellte ich jedes Mal fest, dass die Menschen, die an etwas Höheres glaubten, schneller aus ihren Krisen herausfanden. An was man glaubt, ist natürlich jedem selbst überlassen. Ich glaube, es hilft bereits sich etwas Höheres vorzustellen. Eine positive Kraft, die es immer gibt, selbst in den dunkelsten Stunden. Denn gäbe es sie nicht, könnten wir auch nichts Schönes im äußeren Umfeld erkennen.

Dank meiner Erziehung glaube ich an Gott. Er ist das Licht, die Freude und die bedingungslose Liebe zu mir. Zum Glück musste ich diesbezüglich nie Missbrauch am Glauben erfahren. Ich kann jeden bestens verstehen, wenn man dergleichen erfahren hat und sich deshalb vom Glauben abwendet, egal aus welchen Beweggründen. Ich möchte hier in meinem Buch nicht missionieren, sondern von meinen persönlichen Erfahrungen mit Gott erzählen.

Wie schon zu Beginn in diesem Buch, hatte ich Begegnungen mit Gott und Jesus. Jedes Mal war es ein Gefühl der Hingabe an eine höhere Macht, die es gut mit mir meint. Mit der seelischen Qual gab es Momente, in denen der Schmerz nicht mehr aushaltbar war und auf einmal kam der Gedanke: Gib dich ihm doch einfach hin. Lass dich von ihm tragen, Gott liebt dich. Und als ich diesem Gedanken folgen konnte, war es auch so. Eine Entspannung machte sich in meinem Körper breit.

Es gibt diese wunderbare Geschichte. Sie heißt *Spuren im Sand*. Ein Mann geht mit Gott am Strand spazieren. Dabei erzählt der Mann Gott seine Lebensgeschichte. Als er sich umschaut, sieht er immer wieder Mal zwei Paar Fußabdrücke und dann auch immer wieder nur ein Paar. Darauf spricht er: »Herr du hast mich begleitet, aber in meinen schwersten Zeiten sehe ich nur ein Paar Fußabdrücke im Sand. Warum hast du mich in diesen schweren Zeiten verlassen?«

Der Herr antwortet: »Mein geliebtes Kind, in diesen Zeiten habe ich dich getragen.«

An diese Geschichte glaube ich. Sie ist ein festes Bild in mir und jedes Mal, wenn ich wieder in Besorgnis gerate mit mir oder jemand anderem, erinnere ich mich daran. Dieses körperliche Gefühl von getragen zu werden ist hilfreich sich immer wieder zu kreieren. Sich in eine Hängematte zu legen. Die Augen zu schließen, getragen und gleichzeitig gewogen zu werden, dieses zu erleben, zu fühlen ist heilsam.

Eine schöne Musik einschalten und sich selbst in den Arm nehmen und sich wiegend hin und her zu bewegen, hilft den Körper zu entspannen und Eigenliebe zu entwickeln.

Für die Gräueltaten, die es auf der Welt gibt, ist Gott nicht schuld. Es gibt leider auch das Böse oder sagen wir das Gegenteil von Gott.

Damit müssen wir leben. Jedoch könnten wir Gott (das Gute) nicht erkennen, gäbe es nicht das Böse. Beides gibt es und wir haben immer die Möglichkeit uns für das Gute zu entscheiden. Das Licht, das selbst nach der dunkelsten Nacht da ist und für uns leuchtet.

Gut kenne ich von mir selbst, das Gefühl, auf andere Menschen wütend zu sein, die mich verletzt haben. Das ist anstrengend, denn immer wieder keimen in mir gängelnde Gedanken auf, die diese Wut befürworten, mir sagen: »Ja, das war furchtbar, was mir angetan wurde.«

Wut darf sein, doch nur in der Wut stecken zu bleiben, raubt Energie. Zu Beginn kann man sich einreden: Nein, das steht mir zu. Jetzt wehre ich mich.

Auf Dauer kommt man damit nicht weiter.

Erst wenn du sagen kannst: »Das war nicht in Ordnung, doch heute habe ich daraus gelernt. Lasse es hinter mir und trete für mich ein«, wirkt es befreiend.

Ich erlaube mir zu behaupten, dass wir allesamt verletzte Menschen sind. Mit dem Wissen, dass doch in jedem auch das göttliche Licht steckt, schaffe ich es leichter anderen zu vergeben. Oft kennen wir doch gar nicht die Lebensgeschichte eines anderen so genau. Jeder Mensch hat das eine Bestreben, nämlich dass es ihm gut geht. Ich kann mir deshalb seine Meinung anhören, muss aber nicht so handeln.

Ich habe mich dazu entschlossen mein göttliches Wesen in mir zu pflegen.
Wissend, dass dieses auch in meinem Gegenüber vorhanden ist, übe ich es immer wieder. Manchmal ist es leicht und dann auch mal wieder schwer. Aber es geht.
Folgender Satz kommt mir dabei zur Hilfe:
Wir sind alle Brüder und Schwestern im Herrn.

Miteinander reden

Das miteinander reden empfinde ich bereichernd. Leider ist es in einer depressiven Phase nicht so einfach. Siehe oben: Kontakt.

Ist die depressive Phase überstanden, empfinde ich es jedes Mal bereichernd über Gefühle reden zu können. Sich auf eine ehrliche Weise mit anderen Personen auszutauschen habe ich immer als gewinnbringend empfunden. Zusammen lachen zu können ist schön.

Aber auch sich zu öffnen, unangenehme Dinge zu erzählen erzeugt Menschlichkeit zueinander. Es ist schwierig immer nur an der Oberfläche zu bleiben. Natürlich gibt es Situationen, bei denen das notwendig ist. Aber eigentlich ersehnt sich doch jeder Mensch Nähe zu seinem Nächsten.

Ich kann mich noch gut daran erinnern, wie vereint die Betroffenen in einer Klinik waren. Wir erlebten uns im Schmerz aber auch in der Freude, und jeder konnte sich mehr oder weniger in seinem Gegenüber sehen. Ein Patient sagte bei der Verabschiedung aus dem Krankenhaus: »Das eine weiß ich jetzt, ich werde keine oberflächlichen Freundschaften mehr führen.«

Freundschaften, die tief gehen, bei denen man verstanden und akzeptiert wird, mit allen Ecken und

Kanten, mit seinen Schwächen und Stärken, weiß ich zu wertschätzen.

Hilfe für Angehörige

Ich spreche mit Personen über dieses Buch, das ich schreibe. Dabei wurde ich oft gefragt: »Schreibst du auch, wie man sich als Angehöriger verhalten sollte? Was kann man tun, damit es der/dem Erkrankten besser geht?«

»Natürlich, das ist ein sehr wichtiges Thema. Dieses gehört dazu.«

Eine Depression ist unwahrscheinlich anstrengend. Nicht nur für denjenigen der sie durchlebt, sondern auch für die Personen, die mit demjenigen leben. Es gehört zum menschlichen Miteinander, dass erst einmal der Wunsch aufkommt, dem Betroffenen helfen zu können. Schwierig wird es, wenn man merkt, dass gutes Zureden oder Tipps geben, nicht fruchten. Die/Der Erkrankte wird jegliche Idee verneinen.

»Das geht nicht, weil ...«, wird die häufigste Antwort sein, die der Helfende erhält. Und wenn erst mal das Mitleid schwächer wird und dafür Ungeduld sich breitmacht, wird alles nur noch schlimmer. Für den Erkrankten und dessen Umfeld.

Deshalb ist es von Vorteil, wenn das Umfeld sich auch Hilfe holt. Es gibt Angehörigen-Gruppen, die sich treffen. Dort besteht die Möglichkeit sich untereinander auszutauschen. Solche Gruppen werden oft in Psychiatrien oder Psychosomatischen Kliniken angeboten. Effektiver wäre als Angehöriger selbst eine Therapeutin oder einen Therapeuten aufzusuchen, denn mit ihrer/seiner Hilfe lernt der Angehörige besser mit der Situation umzugehen. Diese Therapeutin oder der Therapeut ist eine andere Person, als die/der Erkrankte aufsucht.

Wo kann ich unterstützen, wo muss ich loslassen, wäre für den Angehörigen hilfreich zu erfahren. Denn eine erkrankte Person kann dem Umfeld viel Energie rauben. Sich als Angehöriger schuldig zu fühlen, hilft nicht. Besser wäre es sich zu fragen: Was geht hier gerade vor sich, dass eine Depression überhaupt ausbricht? Oft sind es diese alten Glaubenssätze, nach denen es sich zu leben hat, um glücklich zu sein. Jeder Mensch ist verschieden und hat andere Bedürfnisse in einer Gruppe oder kleinen sowie großen Familie. Jeder hat seine eigene Lebensgeschichte, die ihn geprägt hat. Eigene Bedürfnisse, die von anderen nicht gerne gehört werden wollen, mit einer neutralen Person zu erforschen oder erst einmal aussprechen zu können, ist wichtig, um sich nicht gleich wieder selbst zu verurteilen.

Eigentlich geht es darum, sich selbst besser kennenzulernen und den Mut zu entwickeln sich ernst zu nehmen, sich für sich selbst einzusetzen.

Bitte nicht zu verwechseln mit Egoismus. Jeder hat seine Grenzen und nimmst du die nicht ernst, wirst du krank.

Wie man bemerkt, können beide Seiten auf gleiche Weise dazu beitragen, damit eine Depression heilen kann. Zu erlernen klar seine Grenzen ausdrücken zu können macht den Umgang unter Menschen wesentlich einfacher. Dabei entsteht Mitgefühl und keiner will dem anderen etwas Schlechtes. Im Gegenteil, denn wir sehnen uns doch alle nach einem respektvollen Miteinander. Unruhe in einem Familiensystem entsteht dann, wenn alte nicht verarbeitete Erlebnisse auf eine neue Situation blind übertragen werden. Um das zu verstehen, benötigt es eine Therapie. Das wäre der ideale Weg damit beide Seiten (Depressiver und das Umfeld) sich auf Augenhöhe treffen können.

Nichts ist schlimmer als Erkrankter immer wieder zu hören: »Du Arme/du Armer.« Es hilft dem Betroffenen sachlich mitgeteilt zu bekommen, dass es schwer ist mit ihm. Dann ist es aber wieder gut. Denn die ganze Zeit bemitleidet zu werden entzieht dem Erkrankten seine letzte Energie. Es macht den Betroffenen klein und hilflos dem Umfeld gegenüber. Der Betroffene wünscht sich nichts sehnlicher, als wieder auf die eigenen Füße zu kommen.

Den Depressiven darin zu unterstützen sich professionelle Hilfe zu holen oder ihm verständlich zu machen, dass es vielen Menschen so ergeht und sie/er nicht mit dieser Erkrankung allein ist, kann hilfreich sein.

Wichtig ist, als Mitlebende(r) gut auf sich selbst aufzupassen. Auf keinen Fall mit dem Erkrankten mitleiden und alles für sich persönlich hinten anstellen. Wenn du als Angehörige(r) deinen eigenen Weg nicht weitergehst, bekommt der Depressive nicht die Chance selbst für sich zu kämpfen. Das bedeutet seinen eigenen Weg für seine Gesundung zu finden. Denn jeder Mensch empfindet Glück anders.

Die/Der Erkrankte bekommt Hilfe von seinem Therapeuten. Dieser ist nicht aus dem gleichen Umfeld und dadurch neutral. Das ist für den Erkrankten wichtig, um sein Anliegen herauszufinden und um nicht gleich verurteilt zu werden, oder fremdbestimmt wird, was sie/er zu tun hat. Natürlich ist es eine Besonderheit, wenn man dann gemeinsame Gespräche mit dem behandelnden Therapeuten hat. Dabei wird beiden Seiten klar, was der andere braucht.

Die erkrankte Person immer wieder mal in den Arm zu nehmen und ihr zu sagen, dass alles gut wird, ist besonders wichtig. Auch wenn diese schöne Geste nicht lange vom Leidenden gehalten werden kann, bedeutet sie ungemein viel!

Liebes Umfeld, bitte versucht das apathisch wirkende Verhalten des Erkrankten nicht persönlich zu nehmen. Ich weiß, wie schwer das ist. Als Erkrankte(r) erlebt man sich selbst wie in einem Gefängnis. Selbst ist man nicht in der Lage etwas zu geben. Es fühlt sich an wie in sich selbst gefesselt zu sein. Das Leid ist ungemein hoch. Man wäre so gerne wieder gesund.

Deshalb, liebes Umfeld sorge gut für dich selbst. Bemitleide die/den Erkrankte(n) nicht.

Rede mit Freunden über deine Gedanken. Hol dir Hilfe wo auch immer. Und vergiss nie: Jede Depression hat ein Ende.

Woran kann das Umfeld bemerken, wenn jemand eine Depression bekommt? Gibt es Anzeichen?

Dafür bedarf es einer guten Beobachtung.

Die/der Betroffene zieht sich immer mehr zurück. Geht ungern aus dem Haus. Liegt lange im Bett und hat Schwierigkeit aufzustehen. Morgens ist es besonders schlimm. Beim Erwachen schwitzt man stark. Durchfall ist in vielen Fällen direkt an der Tagesordnung nach dem Aufstehen. Das Redebedürfnis wird von Tag zu Tag eingeschränkter. Die/Der Erkrankte wird zusehends schweigsamer. Jede Tätigkeit ist unwahrscheinlich anstrengend, da man einfach keine Energie mehr hat.

Auf die Frage: »Geht es dir nicht gut?«, wirst du in den meisten Fällen folgende Antwort erhalten: »Doch, wieso?«

Denn man schämt sich einfach so für seinen Zustand. Das ist das Schlimmste. Es ist schön, wenn man das als Außenstehender einfach so dastehen lassen kann. Versuch den Erkrankten, wenn es möglich ist, an deinem Alltag teilhaben zu lassen. Vielleicht gelingt es dir sie/ihn geschickt, ohne dass es zu auffällig ist, zu loben für alles, was sie/er in dieser

Mattigkeit geschafft hat. Denn überhaupt irgendetwas zu schaffen ist enorm.

Und dann wünsche ich euch beiden, allen Mitmenschen, dass sich jeder auf seine Art so schnell wie möglich Hilfe von außen holen kann. Denn das ist der einzige hilfreiche Weg zur Gesundung. Und die kommt immer, sie bleibt nicht aus.

Oft habe ich festgestellt, dass meistens Männer, die auf einen zukommen und von ihrer depressiven Phase erzählen, keine Tipps erwarten damit es besser wird. Einige fühlen sich dabei erniedrigt. Sie möchten dem Gegenüber auf Augenhöhe begegnen und nicht als schwach und bemitleidenswert behandelt werden. Sie kommen voller Vertrauen und möchten erzählen, wie es ihnen gerade geht. Wünschen sich, dass ihnen jemand zuhört, ohne Ansprüche zu stellen oder sie zu bemitleiden.

Ich konnte selbst in einer depressiven Phase erfahren, wie schön es ist einfach mal alles loswerden zu können. Stundenlang ging ich mit meinem Bruder spazieren, erzählte und empfand gleichzeitig ein miteinander, ein verstanden werden, dass ich vorher nicht erlebt hatte. Für diese Geduld und dieses ertragen können seinerseits, bin ich ihm ewig dankbar.

Es gibt aber auch Menschen, die sich einem anvertrauen und dabei Hilfe erhoffen. Sie besteht darin, wie es weiter gehen könnte, um zu gesunden. Dennoch empfinde ich es als nicht einfach sich auf diesem Pfad zu bewegen. Das Wichtigste ist sich selbst dabei zu fragen: »Was würde mir persönlich in einer solchen Situation guttun?« Auf keinen Fall belehrend zu sein.

Das Umfeld sollte lernen loszulassen. Denn in einer solchen Situation ständig bemuttert zu werden, hilft dem Erkrankten nicht in seine Kraft zu kommen. Der Depressive sollte einsichtig sein, dass es ihm momentan nicht gut geht, er krank ist und es Hilfe von professionellen Ärzten oder Therapeuten gibt.

Ein liebevolles Umfeld ist unwahrscheinlich wichtig. Zu wissen, dass es Menschen gibt die einen wirklich lieben, ist die schönste Basis, um gesund zu werden.

Da man sich auf qualvollste Weise nicht mehr selbst spürt, ist es wie ein warmer Sonnenstrahl gesagt zu bekommen: »Ich bin bei dir.«

Co-Abhängigkeit

Als Co-Abhängiger wird die Person bezeichnet, die sich fast ausschließlich mit den Gedanken und den Taten des erkrankten Partners beschäftigt.

Es ist nicht gut für die Gesundung, des Erkrankten. Dazu kommt, dass die Partnerin, der Partner sich selbst dabei schwächt und sie oder er nicht mehr ihr/sein eigenständiges Leben führt. Sondern sich die meiste Zeit alles um die erkrankte Person dreht. Dadurch kann es kommen, dass die Partnerin, der Partner am Ende auch erkrankt und fälschlicherweise meint, sich selbst aufzugeben, in der Annahme der Erkrankten, dem Erkrankten damit zu helfen. Mit anderen Worten, die co-abhängige Person blendet ihre eigenen Bedürfnisse aus oder unterdrückt sie. Sie kann oft nicht »Nein« sagen, verliert sich selbst und verspürt den Drang andere Menschen glücklich zu machen. Sie gibt sich selbst auf!

Dadurch schürt die betroffene Person unbewusst die Erkrankung des Partners, weil sie ihm nicht die Chance gibt in die Selbstverantwortung zu gehen.

Darum rate ich jeder Partnerin oder jedem Partner: Lasst euch auch helfen. Ihr werdet dabei Wege finden mit der schwierigen Situation so umzugehen, dass ihr dabei nicht selbst erkrankt oder unglücklich werdet. Beide Seiten haben die Möglichkeit daran zu wachsen.

Alkohol, Drogen

Auch in den dunkelsten Zeiten hatte ich nicht das Verlangen, mit Alkohol oder anderen Drogen, die missliche Lage, in der ich mich befand, ins Vergessen, ins Jenseits zu befördern. Ich bin dankbar, dass ich damit nie ein Problem hatte. Ich erlebe jedoch immer wieder Menschen, die sich mit Drogen für ein paar Stunden von ihrem Schmerz erleichtern können. Diesen Weg zu wählen, empfinde ich als äußerst gefährlich. Besonders schon in jungen Jahren gelernt zu haben, dass es die Möglichkeit gibt, sich weg zu beamen, ist schlecht. Wird es zu einer Sucht, ist es immer schwerer an die Ursachen der Depression zu gelangen. Nur bei klarem Verstand und dem Bestreben erfahren zu wollen, warum ich die totale Ermattung in Form einer Depression unbewusst wähle, gibt mir die Chance auf die Ursache zu kommen. Durch Drogen schwächst du dich immer mehr und die Depression wird stärker. Deine Persönlichkeit verändert sich, ohne dass du es selbst spürst. Jedoch dein Umfeld kommt damit schlecht zurecht und du wirst immer einsamer.

Ich wünsche jedem, der warum auch immer sich diesen »Krückstock« angeeignet hat, sich von ihm befreien zu können.

Es gibt für alles Hilfe.
Bitte nutze sie!
Das Leben ist so schön und reichhaltig.
Keiner muss leiden.

Das Geld

Geld ist immer ein leidiges Thema. Öfters hörte ich in Gruppentherapien oder auch außerhalb: »Solche Therapien muss man sich erst einmal leisten können.«

Was soll man darauf antworten? Garnichts. Damit ist jede Diskussion beendet.

Bringt jemand diese Aussage zutage, kann ich nur sagen: »Geld ist ein Totschlagargument.«

Wir haben ein Krankenkassensystem bei dem Jedem geholfen werden kann. Wir leben in einem Sozialstaat. Wenn dir die von der Krankenkasse übernommenen Therapien nicht zusagen, suche weiter für dich nach der richtigen. Ich habe Therapeuten erlebt, die Hilfsbedürftigen durch Warenaustausch halfen. Andere ließen sich auf Ratenzahlung ein. Wir leben in einer Zeit, die eine unglaubliche Fülle an Therapiemöglichkeiten bietet. Nutze sie. Mach dich auf den Weg, du wirst das Richtige für dich finden. Und bitte vergiss nie: Es ist keine Schande an einer Depression oder das modernere Wort, Burnout, zu erkranken. Erkenne: Deine Seele ist erkrankt und braucht Hilfe. Es braucht seine Zeit, so wie ein gebrochener Fuß auch eine ganze Weile benötigt, bis er zusammengewachsen ist. Du wirst wieder gesund.

Während meiner Arbeit und zu der Zeit, als ich selbst in Kliniken war, stellte ich schnell fest, dass Depression jede Gesellschaftsschicht treffen kann.

»Die/Der hat doch alles. Warum hat diese Person denn ein Burnout, eine Depression?«

Dieser Gedanke ist falsch. Jeder kann an einer Depression erkranken.

Du weißt nie, wie sensibel dein Gegenüber ist. Vielleicht lachst du über dessen Sorgen, doch du weißt nicht, wie es sich für die Person anfühlt. Was sie als Kind, in der Pubertät oder auch später erlebt und durchgemacht hat.

Gedanken & Zitate

Jede Depression hat ein Ende.
Die wohl wichtigste Aussage, die ich in einer Klinik erfuhr.

Wenn du dich mit anderen Menschen vergleichst, wirst du immer den Kürzeren ziehen.
Darum vergleiche dich nicht mit anderen.

Mach dich nicht zum Opfer deiner Erkrankung.
Du bist deine eigene Frau, dein eigener Herr, in deinem Körper.
Hol dir professionelle Hilfe. Schon allein durch diesen Schritt kommst du in deine Kraft.

Lobe dich für jeden Schritt, den du in der depressiven Phase gemacht hast.

Sei bitte liebevoll zu dir selbst, immer und immer wieder.

Rede mit dir vertrauten Personen.

Gib dir immer wieder einen Schubs, dich mit Freunden, Nachbarn oder Bekannten zu treffen, egal wie lange, auch wenn es nur für wenige Minuten ist.
Hast du es geschafft, dann klopf dir danach auf die Schulter.

Gib dir aber auch Ruhe.

Hör dir Entspannungsübungen an.
YouTube hat reichlich davon zur Auswahl. Du könntest die Übungen in deinen Tagesablauf einplanen. Umso öfter du es wiederholst, umso besser ist die Wirkung.

Besuch Entspannungskurse oder Atmungskurse.

Wie ein Mantra könntest du diese beiden Sätze nutzen:

> Ich bin ein von Gott geliebtes Kind.
> Ich bin nach seinem Plan gemacht,
> und der ist gut.

Spüre nach dem wiederholten Aussprechen, was das mit dir macht. Was es in dir bewirkt.

Es geht vorbei.

Dein Unterbewusstsein wird es aufnehmen.
Auch wenn es für dich vielleicht nicht nachzuvollziehen ist.
Finde für dich deine eigene Affirmation.

Jeden Morgen zünde ich mir eine Kerze an.
Ich atme ein und aus.
Dann setze ich mich.
Atme ein und wieder aus.
Ich blicke ins Kerzenlicht.
Atme ein und wieder aus.
Mein Blick wandert immer tiefer in das heilende Licht.
Ich atme ein und wieder aus.
Das wiederhole ich so oft, bis ich spüre ...
das Licht bin ich.

Schon als Kind fürchtete ich mich vor der Dunkelheit. Mit der Zeit bemerkte ich, dass aus der Dunkelheit Licht entsteht. Aus der Nacht wird Tag.
Dann muss doch auch aus meiner inneren Dunkelheit wieder Licht entstehen.
Das half mir die Angst vor der Dunkelheit loszulassen.

Hell und Dunkel ...

Wenn ich wählen könnte: hell.
Jedoch aus dem Dunkeln entsteht doch das Helle und umgekehrt. Nur so sind wir komplett.

Wieder wurde es dunkel um mich. Schwarz wie die Nacht. Es gab keinen Gedanken, der mir aus dieser Stimmung helfen konnte.
Bis nach vielen Wochen, die kleine Hoffnung aufkeimte und mir zuflüsterte: »Aus der Nacht kommt der Tag, das Licht, die Hoffnung«, und die bin ich.

Hindernisse zu überwinden war schon immer meine Leidenschaft. Jedoch in eine Therapie zu gehen ...
Ich nahm Anlauf und habe es nie bereut.

Liebe deinen Nächsten wie dich selbst.
Dann fang doch endlich an, dachte ich mir.

»Es geht jetzt mal nicht um dich«, hörte ich oft.
Ich fühlte mich klein und egoistisch, bis ich lernte zu entscheiden.
Es geht um mich!
Und meine Kraft war wieder da.

Mich allein zu fühlen, kenne ich gut. Innere Leere und Traurigkeit tat sehr weh.

Jedoch *all-ein*, mit allem verbunden sein gibt es auch in mir.

Dann fühle ich das Glück, den Frieden, die Liebe und die Kreativität.

Die Verbindung zu mir selbst, zu meinem Licht begann ich zu üben – und übe es weiterhin jeden Tag.

Geht die Sonne unter wird es in mir leise. Langsam neigt der Tag sich vor dem Abend. Dankbar bin ich für den Tag. Nacht, du kannst jetzt walten.
Bring mich behutsam durch die Nacht. Lass mich träumen, nichts versäumen. Frieden schließen mit der Vergangenheit.
Um dann kraftvoll zu empfangen, meinen neuen Tag.

Wenn der Tag erwacht, was er mir wohl bringen mag?
Freude, Licht und Zuversicht ...
Und sollte es nicht sein, so bin ich mir gewiss, auch das wird wieder weichen.
Denn in mir und dir wird immer sein: die Freude, das Licht und die Zuversicht.

Ich durchlebte einige Depressionen.
Dank Therapie und meines Wissens wollen, warum ich mich unbewusst für eine Depression entschied, durfte ich viel lernen. Mit der Zeit lehrte ich selbst.
Immer mehr wurde mir bewusst, dass ich meine tiefste Heilung in mir selbst finde. Es ist das göttliche in mir und dir. Mein Licht, meine Freude und meine Liebe. Wir alle sind göttliche Wesen. Kinder Gottes. Das macht mich glücklich.

Jeder Mensch hat das eine Bestreben, nämlich glücklich zu sein.
Wenn mir das bewusst ist, kann ich mir andere Meinungen anhören, muss jedoch nicht danach handeln.

Kleine Traumreise I

Wenn du magst, schließe deine Augen.
Dann stell dir den Himmel vor.
Atme dabei ruhig ein und aus.
Pack deine dich belastenden Gedanken auf eine Wolke.
Atme ein und aus.
Lass diese Gedankenwolke an dir vorüberziehen.
Atme ein und wieder aus.
Wiederhole den Vorgang.
Vielleicht siehst du dazwischen den blauen Himmel.
Du lässt deine Gedanken ziehen.
Vielleicht kommt die Sonne auf.
Du spürst ihre Wärme.
Atme ein und wieder aus.
Schau den Gedanken nach, die irgendwann
am Himmel entschwinden.
Du kommst in deine Ruhe, hast die dich quälenden Gedanken losgelassen und fühlst dich danach befreit.

Kleine Traumreise II

Wenn du magst, stell dir Folgendes vor:
Heute steige ich in einen durchsichtigen Fahrstuhl.
Ich atme ein und aus.
Bevor ich den Fahrstuhl betrete, benenne ich meine Sorge oder was auch immer mich gerade beschäftigt.
Ich atme ein und wieder aus.
Der Fahrstuhl kommt von oben.
Ich atme ein und wieder aus.
Ich steige ein.
Die Sorge lass ich zurück.
Ich atme ein und wieder aus.
Langsam steigt mein Fahrstuhl immer höher.
Ich atme ein und wieder aus.
Wenn sich nun mein Blick zu meiner Sorge dort unten richtet, bemerke ich wie die Sorge oder was auch immer ich dort unten zurückgelassen habe, immer kleiner wird.
Ich atme ein und wieder aus.
Mein durchsichtiger Fahrstuhl fährt weiter hoch, bis ich keine Sorge mehr sehen kann.
Ich atme ein und wieder aus.
Oben angekommen, steige ich aus und betrachte meine Welt von oben.
Ich atme ein und wieder aus.

Die Natur als Spiegel

Spiegelung

Die Spiegelung, in den sich immer wiederholenden Jahreszeiten, gibt mir die Sicherheit darin, dass ich mich auf Veränderungen einlassen, ihnen vertrauen kann.

Ostern

Aus christlicher Sicht ist Ostern für mich ein Fest der Freude und Hoffnung.
Jesus der gegeißelt und unter, schlimmsten Schmerzen am Kreuz stirbt, geht durch Angst und Zweifel. Am dritten Tage auferstanden von den Toten und aufgefahren in den Himmel. Das beten wir im Glaubensbekenntnis.
Dieses innere Bild, das mir bei diesen Worten begegnet, schafft Hoffnung und Freude in mir. Es stärkt mich darin, dass nach der dunkelsten Nacht wieder das Licht erscheint.

Aus weltlicher Sicht mag ich Geschichten, in denen der Osterhase im Vordergrund steht. Hasenfamilien bemalen die Hühnereier bunt.
Hasen, als das Symbol für Fruchtbarkeit. Die Haseneltern, mit all ihren kleinen Hasenkindern wirbeln wild umeinander herum, bis alle Eier bunt verziert sind.
Und so haben wir es aus den Geschichten für unsere Kinder und Enkel übernommen.
Die Ostereier kommen in kleine Weidenkörbe und werden für die Kinder im Garten versteckt.
Beim Suchen und Finden der bunten Eier erleben nicht nur die Kinder ihre Freude, sondern auch die Erwachsenen.

Den Duft von frischem Gras und die wärmer werdende Sonne erinnert mich an meine Kindheit. Gleichzeitig erwacht in mir mein eigenes inneres Kind, das fröhlich und wild umherspringen darf.

Sommer

All deine Farbenpracht, dein Licht, die Wärme
erfreut mich.
Du lädst mich ein, dir offen zu begegnen.
Du erscheinst uns jedes Jahr.
Spiegelst deine Schönheit in mir.
Ich lege mich in dein Licht und vertraue.

Herbst

Verwandlung zeigt mir der Herbst.
Seine warmen Farben nehme ich gerne in mich auf.
Was mache ich mit der Kälte und der Feuchtigkeit,
die mir durch die Glieder zieht?
Es ist, als ob der Herbst zu mir spricht: »Ich zeig dir
den Wandel. Meine Farben sollen dich erfreuen.
Meine Kälte will dich führen, ganz zu dir. Da wo
Licht und Freude schlummert. Schenk dir Stille,
halte inne und dein Licht wird leuchten.«
Ich danke dir, Herbst, für deinen Spiegel. Deine
Botschaft hat mich erreicht, ist in mir.

Vertrauen ist nicht immer einfach.
Mein Leben lehrte mich: Wenn du dir selbst
vertraust, was kann dir dann passieren?
Dein Licht und deine Freude sind in dir.
So übe ich immer wieder mir selbst zu vertrauen.
Ausgiebige Spaziergänge in die Natur schenken
Ruhe und Freude. Sie führen mich zu mir.
Ich gehe gerne an Flüssen entlang. Sie spiegeln mir
meinen Lebensfluss wider.
Ich bewege mich in Stromrichtung. Dabei erkenne
ich schwere, große Steine, kleinere Steine und das
Wasser bahnt sich seinen Weg.
Genauso wie mein Leben immer weiter fließt.

Und blicke ich zurück, ist in den Momenten, bei denen ich dachte, es geht nicht mehr weiter, es dennoch weiter ging.
Der Lebensfluss ist stark und bahnt sich seinen Weg.
Das gibt mir Vertrauen und hoffentlich auch dir.
Ich danke der Natur für deinen Spiegel in mir.

Spätherbst

Nun hat die Buche all ihre Blätter fallen gelassen. Die Tage werden kürzer und die Natur geht in ihren Winterschlaf. Es kommt mir vor, als ob ich nun all das Schöne und das Bunte selbst in mir finden darf.
Kerzenlicht, Ruhe und harmonische Musik helfen mir mich zu besinnen.
Auf meinen wesentlichen Kern.
Zu meinem göttlichen Wesen.
Angst und Ungewissheit macht Platz für den Frieden, die Liebe und die Harmonie.
Dankbarkeit entsteht.
Mein Herz weitet sich für mich und dich.
Ich übe jeden Tag.
Dank der Natur für Spieglung in mir.

Winter

Wenn es schneit und die Erde langsam zu einem weißen Teppich wird, entsteht eine besondere Stille in mir. Nehme ich dann meine Hündin Lotta zu einem Spaziergang durch den Schnee mit, wirbelt sie voller Freude um mich herum. Das steckt an. Es ist, als ob die Erde zu mir spricht: Schau hin, betrachte mich, ich bin im Schlaf. Ich zeig mich hier in Weiß, auf dass du spürst, den unberührten, stillen, heilen Teil in dir.

Adventszeit

Oh, du schönes Licht.
Du machst mich glücklich.
Ganz besonders in der Adventszeit.
Dauert es doch nicht mehr lange bis du, der Heiland, geboren warst. Dank dir, dich immer wieder in mir zu spüren. Dein Licht erinnert mich an dich in mir.
Welch ein Geschenk der Liebe, der Zuversicht und der Freude folgen zu können.

Kurz vor Weihnachten

Wenn ich, zu der Zeit, in die Natur gehe, spüre ich all die Hast, die Unruhe, die Nervosität und die Empfindlichkeit in mir.
Erging es den Menschen früher nicht auch so?
Ersehnten sie sich nicht genauso Ruhe und
Frieden?
Und mit einem Mal war es geboren. Ein Kind, dass dich und mich zu unserer eigenen Liebe führt.
Dank dir du schönes Licht in dir und mir.

Heiligabend – Weihnachten

Die stille Nacht.
Nun bekommt die Stille ihre Wahrhaftigkeit.
Da gibt es nichts mehr von toter Stille oder einsamer Stille.
Es ist die heilige Stille in uns selbst.
Wir feiern die Geburt der Liebe.
Die Liebe zu uns selbst und zu allen unseren Liebsten.
Am schönsten in der Stille zu spüren.
Welch heiliges Geschenk.
Nehme ich mich immer wieder zurück, auch nur für einen Moment begegnet mir mein heiles Wesen.
Wir alle sind Brüder und Schwestern in der Liebe.

Frühling

Gehe ich in die Natur, fällt mir ein kleiner grüner Punkt an einem Ast auf.
Schreite ich näher heran, entdecke ich Leben.
Aus einem in der Winterzeit schlummernden Ast erwacht ein Blatt.
Es gibt die Kraft, die neues Leben erschafft.
Gibt es das auch in mir und auch in dir?
Wieder entsteht etwas Neues in mir.
Spürst du es auch in dir?
Ich beobachte, was da reifen wird.
Ein neuer Vorsatz?
Oder ein schon lang gehegter Wunsch?
Auf jeden Fall kann ich es im Äußeren schon wahrnehmen.
Nun gebe ich meine Pflege dort hin und beobachte die Kraft der Natur, wie sie auch in mir erwacht.
Dank dir Natur die Spiegelung in mir.

Der Frühling zum Schluss

Nun kann es an dieser Stelle sein, dass die Leserin, der Leser sich fragt, warum steht der Frühling am Schluss, sollte er nicht vor Ostern kommen?

Der Frühling steht am Ende dieses Buches, weil ich damit ausdrücken möchte, dass nach jedem Winter, der sogenannten dunklen Jahreszeit, die Helligkeit kommt.
Dies sollte man niemals vergessen, sich vor Augen halten, nach jeder schlechten Zeit, kommt eine gute Zeit.

Nach jeder Dunkelheit kommt die Helligkeit.
Nach jeder Depression kommt die Heilung.

Jede Depression hat ein Ende!

Prof. Dr. med. Dr. h. c.
Manfred Wolfersdorf

Depressives Kranksein

Die Depressionstherapie sei so vielschichtig wie die depressive Störung selbst, schreibt der Schweizer Psychiater und Psychotherapeut Daniel Hell zu Beginn seines Buches »Depression als Störung des Gleichgewichtes« (Hell 2012. S. 9), auch wenn die Internationale Klassifikation der Krankheiten (ICD-10 bzw. demnächst 11) den Eindruck erweckt, es gebe sozusagen eine Standarddepression, die als »depressive Episode« bezeichnet wird und durch sogenannte Hauptsymptome, die vorhanden sein müssen, und Nebensymptome gekennzeichnet sei. Dabei waren unterschiedliche Benennungen seit vielen Jahrhunderten bekannt, man denke nur an den griechischen Begriff »Melancholia« (schwarze Galle) aus der Schule des Hippokrates, der wohl ab Ende des 19. Jahrhunderts, Anfang des 20. Jahrhunderts durch die Bezeichnung »Depression« (lateinisch deprimere: niederdrücken) abgelöst wurde.

Dass damit ein Begriff für unterschiedliche Bilder gilt, verändert die Unterschiedlichkeiten nicht. Eine agitiert-ängstliche depressive Episode ist etwas anderes als eine psychotische Depression.

»Was ist aus der guten alten neurotischen Depression geworden?« nennen Katschnig und Demal (Facultas Wien 2002) ihr Buch und setzen sich mit anderen kritisch mit dem Thema auseinander.

Mit meinen Worten möchte ich:

Zum einen darauf hinzuweisen, dass auch auf sogenannten Depressionsstationen Menschen mit unterschiedlichen Krankheitsbildern und meist auch unterschiedlichen Problembereichen und Therapienotwendigkeiten sind. Es ist nicht alles Reaktion auf Verlust, Belastung oder Kränkung, auch wenn dies oft dann Psychotherapieinhalte sind, es ist auch nicht alles »endogen«, wie man früher sagte, also von innen heraus, dann ist man bei der Genetik und biologischen Krankheitsfaktoren und bei der Psychopharmakotherapie.

Zum anderen ist die Autorin dem Unterzeichner gut bekannt und ein Beispiel dafür, dass man therapeutisch immer sehr individuell handeln sollte, zugeschnitten auf die jeweiligen Patienten. Ich erinnere mich z. B. an genehmigte Reittherapie mit dem eigenen Pferd auf einem Gestüt oder an Tanztherapie in München, da muss man schon die Verantwortung übernehmen.

Natürlich gibt es immer therapeutische Gemeinsamkeiten neben individuellen Regelungen.
Wir, meine Mitarbeiter, Mitarbeiterinnen und ich, hatten 1976 mit unserem damaligen Chef Prof. Dr. Günter Hole die erste »Depressionsstation«, als sogenannte Spezialstation für schwer depressiv kranke Menschen errichtet.

In Deutschland, im Psychiatrischen Landeskrankenhaus in Ravensburg-Weissenau, heute Zentrum für Psychiatrie Die Weissenau, Abteilung Psychiatrie 1 der Universität Ulm. Ich durfte dabei sein als Stationsarzt, später als Ltd. Oberarzt.

Wir hatten ein Programm für Diagnostik, Behandlung, Pflege, Forschung, Öffentlichkeitsarbeit und Depressions- und Suizidforschung mit psychotherapeutischen (ärztlich, psychologisch), pflegerischen, sozialpädagogischen sowie psychopharmakologischen und anderen biologischen Ansätzen entwickelt. Die individuelle Therapie war individuell.

2015 gibt es in Deutschland und der Schweiz circa einhundert Depressionsstationen und einen Arbeitskreis Depressionsstationen Deutschland/Schweiz. In Bayreuth hatten wir im Bezirkskrankenhaus drei Depressionsstationen, eine Station für affektive Erkrankungen (ehemalige A1), eine klassische DST (A5), heute Leitung Frau OÄ Dr. Tieden, eine Gerontopsychiatrische DST (G3), ehemals Leitung Dr. Michael Schüler, heute Dr. Chr. Mauerer. Auf der Basis eines stationären Programmes erfolgen individuelle Psychotherapie und Psychopharmakotherapie sowie Soziotherapie.

Die Beziehung – manche schreiben »das ärztliche/das therapeutische Gespräch« steht im Mittelpunkt allen therapeutischen Handelns und wird vervollständigt durch die pflegerische und sozialpädagogische Beziehung. Manchmal müssen wegen akuter drängender Suizidalität oder der Kombination Depression und demenzieller Prozess sichernde Maßnahmen ergriffen werden wie konstante Einzelbetreuung oder auch befristete Verlegung auf eine geschlossene Station. Das ist ein schwieriges Thema, das auch mit den Angehörigen besprochen werden muss.

Die Einbeziehung von Angehörigen war in den letzten Jahrzehnten immer wieder ein Thema, Einbeziehung in der Diagnostik, Information über Therapie, Vorbesprechung bei Wochenendbeurlaubungen und Entlassungsplanung, usw..

In den Kliniken sammeln sich oft sogenannte chronische Patienten und Patientinnen.

Den Begriff »chronisch« verwendet man heute nicht mehr, da damit meist »therapieresistent«, es hilft sowieso nicht, verbunden wird. Diese Annahme ist falsch. Oft stimmt die Diagnostik nicht, dann sind Spiegel von Antidepressiva zu nieder oder zu hoch und generieren nur Neben- und Wechselwirkungen, oder die Fixierung auf eine Therapiemethode – nicht jeder Patient/jede Patientin braucht tiefenpsychologische Psychotherapie oder Verhaltenstherapie – passt nicht.

Die ambulante und stationäre ärztlich- und psychologisch-therapeutische sowie pflegerische Arbeit – denn es ist Arbeit: Die Depression unseres Mitmenschen geht uns näher als das psychotische Erleben eines Psychotikers, man muss wissen, warum man das tut, mit Depressiven arbeiten – ist belastend, aber macht über die lange Strecke Freude. Man merkt sehr bald, ob man das kann oder nicht; bei letzterem ist es völlig konsequent, zu sagen, das ist nicht mein Thema. Wenn es geht, ist es eine gute Lebensbegleitung und Lebensaufgabe.

Depressionen sind Krankheiten, die behandelbar sind – und das ist immer wieder Hoffnung – und es stimmt.

Liebe Frau Theresa Groß von Trockau, ich wünsche für Ihr Buch viele Leserinnen und Leser und Ihnen alles Gute.

Herzliche Grüße
Prof. Dr. med. Dr. h. c. Manfred Wolfersdorf
Hollfeld/Bayreuth 25.03.2023

Ehemals Ärztlicher Direktor und Chefarzt der Klinik für Psychiatrie, Psychotherapie und Psychosomatik des Bezirkskrankenhaus Bayreuth, i.R. seit Okt. 2016

Gründer und Sprecher des AK Depressionsstationen Deutschland/Schweiz bis 2016

FA Psychiatrie – Psychotherapie–
FA für Psychosomatische Medizin und Psychotherapie
Ethikberater im Medizinsystem
Ehrenmitglied der Deutschen Gesellschaft für Psychiatrie, Psychotherapie, Psychosomatik und Nervenheilkunde

Danksagungen

Als Erstes möchte ich mich bei meiner Lektorin Sigrid Wohlgemuth bedanken. Mit ihr zusammenzuarbeiten war von der ersten Stunde an ein Gewinn. Oft kam bei mir der Zweifel auf und jedes Mal konnte sie ihn wieder in seine Schranken verweisen. Ihrer hohen Einfühlungskraft habe ich es zu verdanken, dass aus einem ursprünglich geplanten dreißig Seiten Projekt, nun zweihundert Buchseiten entstanden sind.

Irene Repp, von DaylinArt. Ich danke dir, Irene, für dieses schöne hoffnungsvolle Cover. Schnell konntest du meine Wünsche wunderbar umsetzen.

Meiner langjährigen und bei Bedarf immer wieder aufsuchenden Therapeutin Julia Gerber habe ich so unglaublich viel zu verdanken. Welch eine liebevolle Wegbegleiterin ist mir da begegnet.

Professor Dr. Wolfersdorf, der mich gut kennt und so einige zusätzliche Wünsche meinerseits erfüllte, während der Therapie auf meinem Heilungsweg, danke ich auch ganz besonders. Dass er sich auch noch bereiterklärte, einen Anhang für mein Buch zu schreiben, erfüllt mich mit großer Freude.

Liebe Hanna von Feilitzsch, selbst Autorin, danke für deine Hilfe und Erfahrung an was man alles denken muss, um ein Buch zu schreiben. Und danke an deinen Mann Louis. Ihr beide habt mir Mut gegeben beim Lesen meines Manuskriptes.

Danke an meine Schwägerin Katrin Goess-Enzenberg. Du warst meine erste Leserin und hast mir danach ein sehr hilfreiches Feedback geschrieben.

Danke an meine Eltern, die mir wunderbare Geschwister geschenkt haben.

Danke an meine Mutter, mit der ich ehrlich und offen reden konnte. Ich hab dich lieb.

Danke an meine Nichte, die mich durch ihren selbstbestimmten und mutigen Weg in die Klinik daran erinnerte, wie es bei mir war. Durch sie bekam das Buch ein wichtiges Kapitel dazu. Sie wird gesund. Das ist gewiss.

Danke an alle meine Instagram und Facebook Freunde für eure steten Likes.
Das gab mir viel Kraft.

Danke an meine Kinder, die meinen Text an gewissen Stellen korrigierten. Ihr habt damit recht.

Und zum Schluss geht ein ganz besonderer Dank an meinen Mann. Er hatte so einiges zu beanstanden.
Dank dir wurden meine Ausführungen deutlicher und ausführlicher. Zwar nicht so wie bei einem Juristen, jedoch so wie bei einer kreativen Theresa.

Danke an jeden einzelnen Leser, der dieses Buch in den Händen hält. Ich wünsche euch das größte Glück auf Erden und bitte vergesst nie: Jede Depression hat ein Ende.

Der Erlös des Buches geht an eine sozial-therapeutische Wohn- und Arbeitsgemeinschaft in Oberfranken.

Über die Autorin

Die Autorin Theresa Groß von Trockau wurde 1962 in Paderborn geboren.

Sie ist verheiratet, hat vier Kinder, zwei Schwiegersöhne, zwei Enkelkinder und ein drittes wird in Kürze das Licht der Welt erblicken.

Seit zwanzig Jahren lebt sie in Oberfranken.

Sie arbeitet als Tanz- und Körpertherapeutin in einem Sozialtherapeutischem Heim für psychisch Erkrankte.

Sie liebt die Kreativität, lebt diese aus, ihm Schreiben, Stricken, Tanzen und Märchen erzählen.

Auf den Spaziergängen mit ihrem Hund Lotta kommen ihr die Ideen für neue Projekte.

Seit Kindheit geht sie dem Reitsport nach, hat an zahlreichen Springturnieren teilgenommen.

»Jede Depression hat ein Ende« ist ihr erstes veröffentlichtes Werk, dass ihr besonders am Herzen liegt.

Sie wünscht sich damit, den Erkrankten und deren Angehörigen Hoffnung zu vermitteln.

Nach der Veröffentlichung wird es Gesprächsrunden, Vorträge und Lesungen an verschiedenen Orten geben.

https://www.facebook.com/theresa.gross.trockau
Instagram: tgrossischreibt

Deine Notizen